FrauenGottesDienste

FRAUEN GOTTES DIENSTE

Modelle und Materialien

Thema: Hoffnung schenkt Kraft

Herausgegeben von
Anneliese Knippenkötter/
Marie-Luise Langwald

Unter Mitarbeit von
Isolde Niehüser und
Christel Voß-Goldstein

KlensVerlag/Schwabenverlag

Die Deutsche Bibliothek - CIP-Einheitsaufnahme

Frauengottesdienste : Modelle und Materialien / hrsg. von Anneliese Knippenkötter/Marie-Luise Langwald. - Düsseldorf : Klens-Verl.; Ostfildern : Schwabenverl.

10. Thema: Hoffnung schenkt Kraft. - 2001
ISBN 3-87309-186-0
ISBN 3-7966 1015-3

Umschlaggestaltung: Andrea Kuckelkorn, Düsseldorf
Satz: Schwabenverlag AG, Ostfildern
Druck: Süddeutsche Verlagsgesellschaft mbH, Ulm
Printed in Germany

ISBN 3-7966-1015-3 (Schwabenverlag)
ISBN 3-87309-186-0 (KlensVerlag)

Inhalt

Thema: Hoffnung schenkt Kraft

Lieder

Stichwort Liturgie

Kurz vorgestellt

THEMA
HOFFNUNG SCHENKT KRAFT

Hinführung

Sprengkraft gelebter Hoffnung

Hoffnung. Ist das nicht ein Wort, das uns manchmal recht leicht über die Lippen kommt: als gut gemeinter Rat, als Hinweis auf bessere Zeiten, als Ermunterung in scheinbar aussichtslos erscheinenden Situationen?

Doch Hoffnung ist mehr als nur ein Wort. Hoffnung ist Leben. Nach der gelebten Hoffnung, die Kraft schenkt, sehnen sich die Menschen in unseren Tagen wohl ganz besonders. Hoffnungslosigkeit, Resignation, Zukunftsangst machen sich breit. Wie geht es weiter, wenn Arbeitslosigkeit droht, wenn der Friede in den Kriegsgebieten der Welt kaum mehr eine Chance hat, wenn die unheilbare Krankheit nicht zum Stillstand kommt? Hoffnungslose Situationen, die von ungezählten Menschen täglich durchlebt werden, sind auch Christen und Christinnen nicht fremd.

Hilft da der gute Wunsch des Paulus, den er der Gemeinde in Rom schrieb und der zum Titel dieser Publikation wurde? »Der Gott der Hoffnung erfülle euch mit aller Freude und Frieden im Glauben, dass ihr immer reicher werdet an Hoffnung durch die Kraft des Heiligen Geistes« (Röm 15,13).

»Hoffnung schenkt Kraft« ist möglicherweise für manche eine allzu kühne These. Aber zeigt nicht vielfach die Erfahrung, dass diejenigen, die das Dunkel der Hoffnungslosigkeit hinter sich gelassen haben, die wieder hoffen, auch die Kraft haben, eine Situation zu bewältigen? Ein neuer Aufbruch »durch die Kraft des Heiligen Geistes«.

Wie eindrucksvoll wird das im Titelbild deutlich: Mit windgefüllten Segeln gleitet das Boot, das vom Ufer abgestoßen ist, auf dem Wasser dahin, dem Ziel entgegen: Hoffnung und Leben – Zuversicht und Heil. Komme, was kommen mag: Gott ist unsere Hoffnung. Mit dieser Sicherheit beendet Silja Walter ihr »Segellied«:

»Wenn uns Gott nur bleibt bestehn
Und der Wind im Leinen.«

Wege der Hoffnung sind für Christen gleichsam biblische Wege, die zum Heil – so wie es das Wort meint – führen. Im ersten Petrusbrief lesen wir: »Haltet in euren Herzen Christus, den Herrn, heilig! Seid stets bereit, jedem Rede und Antwort zu stehen, der nach der Hoffnung fragt, die euch erfüllt, aber antwortet bescheiden und ehrfürchtig ...« (1 Petr 3,15). Die ständige Bereitschaft, jedem Rede und Antwort zu stehen, der nach der Hoffnung fragt, ist ein hoher Anspruch an Christinnen und Christen in unserer Zeit. Die Schar der Fragenden ist groß. Der französische Theologe Yves Congar sagte einmal: »Das Evangelium muss verkündet werden in einer Welt, in der die Kräfte der Hoffnung durch die übersteigerten Bedürfnisse Gefahr laufen, einzig und allein ihre Befriedigung in dem von der Technik geleisteten Komfort zu suchen.« Stecken wir nicht alle auf irgendeine Weise in dieser Gefahr?

Verkündigung des Evangeliums meint doch wohl, dass wir die Hoffnungsgeschichten, die biblischen Lebensgeschichten vom Reich Gottes erzählen, damit Menschen durch sie ermutigt werden. Bis heute gilt, was uns dazu vor Jahren die Synodalen in Würzburg sagten: »Die Welt braucht keine Verdoppelung ihrer Hoffnungslosigkeit durch Religion; sie braucht und sucht (wenn überhaupt) das Gegengewicht, die Sprengkraft gelebter Hoffnung. Und was wir ihr schulden, ist dies: das Defizit an anschaulich gelebter Hoffnung auszugleichen.«

Und was kann das in meiner Welt konkret heißen? Vielleicht dies: Zeit haben, Tränen trocknen,Trauernde trösten, Kranke besuchen, Sterbenden Nähe schenken, Freude verbreiten, das Leben teilen. Der Alltag weist uns auf weitere Möglichkeiten hin.

Anregen kann uns wohl auch das Hoffnungslied einer brasilianischen Basisgemeinde, das Leben bei uns und anderswo durch die »Sprengkraft gelebter Hoffnung« in der »Kraft des Heiligen Geistes« zu gestalten.

Anneliese Knippenkötter

Gottesdienste

Ängste werden zur Hoffnung

MORGENLOB

Eröffnung

Ein neuer Tag hat angefangen. Wir leben ihn in der Gegenwart unseres Gottes und beginnen ihn in seinem Namen:
Im Namen des Vaters, des Sohnes und des Heiligen Geistes.

Lied

»Schweigen möcht ich, Herr« (kfd-Liederbuch, Nr. 35)

Einführung

Haben Sie gut geschlafen in dieser Nacht? Haben Sie geträumt? Versuchen wir uns zu erinnern an die Phase des Aufwachens: Die eine oder andere war vielleicht erschrocken, als der Wecker schellte. Gerne hätte sie weitergeschlafen. Die Nacht war kurz. Vielleicht war eine aber auch froh, dass der Wecker schellte. Wir kennen alle die Situation: Ein böser Traum quält uns. Dann sind wir froh, wenn es Tag wird und hell.

Versuchen wir, uns an einen unguten Traum zu erinnern, an das Dunkel, das damit verbunden ist, an die Angst und Enge, die er auslöst. Unterstützen wir diese Erinnerung durch eine Körperhaltung: Mit unseren Armen umfassen wir unseren Körper, wir engen uns ein, nehmen uns den Atem und den Blick. Wir schließen die Augen: Dunkel macht sich breit.

(Nach einer Pause schellt ein Wecker.)

Es wird Tag. Der Traum geht zu Ende. Die Enge um uns löst sich, der Atem kann wieder frei fließen, die Angst weicht. Dunkelheit macht dem Licht Platz, Starre dem Leben. Ich atme auf und atme frei. Ich nehme wahr, was um mich ist. Ein neuer Morgen bricht an. Von der Erfahrung des neuen Morgens singt ein Lied:

Lied

»Schwester, deine Liebe« (s. S. 70)

Gedanken

Mit unserer Hoffnung, aber auch mit unserer Angst sind wir in guter Gesellschaft. In der Pastoralkonstitution »Über die Kirche in der Welt von heute« sagt das Zweite Vatikanische Konzil:

»Freude und Hoffnung, Trauer und Angst der Menschen von heute, besonders der Armen und Bedrängten aller Art, sind auch Freude und Hoffnung, Trauer und Angst der Jünger Christi. Und es gibt nichts wahrhaft Menschliches, das nicht in ihren Herzen seinen Widerhall fände.«

Die Jünger und Jüngerinnen Christi haben sich gefreut. Wir auch.

Die Jünger und Jüngerinnen Christi haben getrauert. Wir auch.

Die Jünger und Jüngerinnen Christi waren manchmal voller Angst. Wir auch.

Die Jünger und Jüngerinnen Christi waren aber auch voller Hoffnung. Sie haben sich anstecken lassen von der Hoffnung, die Jesus selbst hatte – und war. Diese Hoffnung steckt uns an.

Lesung

Röm 15,13 Der Gott der Hoffnung aber erfülle euch mit aller Freude und mit allem Frieden im Glauben, damit ihr reich werdet an Hoffnung in der Kraft des Heiligen Geistes.

(Nach einer Zeit der Stille wird die Lesung ein zweites Mal gelesen.)

Liedruf

»Meine Hoffnung und meine Freude« (in: FrauenGottesDienste 6, S. 68)

Gebet

Gott, immer wieder und heute schenkst du uns einen neuen Morgen.
Du schenkst Freude in unseren manchmal so traurigen Alltag,
du schenkst Licht in unsere Dunkelheiten,
Zuversicht in unsere schweren Träume,
Hoffnung in unsere Ängste.
Dafür danken wir dir, Gott,
du Licht, du Zuversicht, du unsere Hoffnung.
Wir legen diesen Tag in deine Hände, Gott,
in dein Licht, in deine Zuversicht
und wir bitten um deine Hoffnung und um deine Kraft. Amen.

Liedruf

»Meine Hoffnung und meine Freude« (in: FrauenGottesDienste 6, S. 68)

Segen

Wir bitten um den Segen Gottes für diesen neuen Tag.
Es segne uns Gott,
der ein Gott der Hoffnung ist
zu allen Zeiten,
es segne uns Jesus Christus,
der Mensch-gewordene Hoffnung ist,
es segne uns die göttliche Geist-Kraft,
die uns befähigt, Menschen der Hoffnung zu werden,
es segne uns Gott, der Vater, der Sohn und der Heilige Geist.

Marie-Luise Langwald

»Der Gott unseres Glaubens ist der Grund unserer Hoffnung«

WORTGOTTESFEIER FÜR DIE KRANKEN DER GEMEINSCHAFT (GEMEINDE)

Vorbereitung: Im Altarraum stehen kleine Sträuße, die der Jahreszeit entsprechen. Sie werden nach dem Gottesdienst den Kranken als Gruß der Gemeinschaft gebracht.

Begrüßung, Einführung und liturgische Eröffnung

Sehr herzlich begrüße ich Sie in dieser Morgenstunde zu einer Wortgottesfeier, in der wir Gott für das Geschenk der Gesundheit danken und ihn um Kraft und Segen für die Kranken unserer Frauengemeinschaft bitten.

Unter uns sind viele Frauen, die in treuer Regelmäßigkeit den Krankenbesuchsdienst ausüben. Sie gehen ins Krankenhaus oder Altenheim oder sie sind in der Gemeinde unterwegs und bringen Grüße, schenken Zeit zum Gespräch, trösten und knüpfen das Band von der Gemeinschaft zu den einzelnen Kranken fester. Die Kranken sollen spüren: Ich bin nicht allein, nicht vergessen, ich werde getragen. Wir denken ganz besonders an ... *(hier können Namen genannt werden).*

Unseren Gottesdienst beginnen wir: Im Namen des Vaters und des Sohnes und des Heiligen Geistes.

Lied

»Singet, danket unserm Gott« (GL 277)

Gebet am Morgen

Gott, ich preise dich,
du bist der Morgen und der Abend,
der Anfang und das Ende der Zeit.

Dir danke ich für die Ruhe der Nacht
und das Licht eines neuen Tages.
Leib und Seele sind dein,
von dir ist alles, was geschieht.

Herr, Jesu Christus, du Licht der Welt,
du bist der Weg, den ich heute gehe,
du bist die Wahrheit, die mich leitet,
du bist das Leben, das ich finde.
Gib mir deine Liebe,
dass ich dich wiederfinde in den Menschen.
Gib mir Geduld und Gelassenheit
und bewahre mich in deiner Liebe.

Du schöpferischer Geist,
wecke meine Sinne und Gedanken,
gib mir Fantasie und Klarheit,
ein empfindliches Gewissen,
das rechte, helfende Wort
und das sorgsame Tun,
dass ich etwas Nützliches schaffe
und dieser Tag nicht verloren ist.

Heiliger Gott,
was du mir schickst, will ich annehmen,
Erfolg und Misserfolg, Freude und Mühsal.
Ich bitte dich für alle,
die diesen Tag mit Sorge beginnen,
mit Angst oder Schmerzen.
Begleite uns, schütze uns, bewahre uns.
Ich danke dir für deinen neuen Tag.

(Jörg Zink)

Lied

»Wer unterm Schutz des Höchsten steht« (GL 291)

Zur Besinnung

Wer krank ist, hofft darauf, gesund zu werden. Aber es gibt auch die Stunden voller Angst und Verzweiflung, die bedrängende Frage nach dem Sterben. Welche Hoffnung bleibt da noch?

Der Satz – für Christen ist keine Situation hoffnungslos, immer bleibt die Hoffnung auf das Heil bei Gott, das er für uns bereithält – spricht sich leicht. Aber wenn er in Ängsten gelebt werden muss, ist diese Hoffnung ein mühevoller Prozess.

Bitten wir Gott, dass er die Kraft schenken möge, diesen Weg zu gehen:

Gebet

Dir kann ich es sagen, mein Gott:
Ich habe Angst,
oft, immer wieder:
Fragen – ich weiß keine Antwort,
Probleme – ich sehe keinen Ausweg,
Menschen – ich verstehe sie nicht.
Ich fühle mich überfordert.
Du musst mir helfen.
Ich bitte dich, Gott:
Nimm mir die Angst.
Gib mir ein ruhiges Herz
und klare Gedanken.
In deiner Kraft will ich reden und handeln,
schweigen und leiden.
In deinem Frieden
lass mich geborgen sein
mitten im Kampf.

(Evangelisches Gesangbuch)

Lied

»Wer unterm Schutz des Höchsten steht« (GL 291)

Nach Psalm 139

Herr, du Gott über mir.
Du kennst mich.
Deine Augen schauen mein Geschick.
Ob ich wieder gehen kann oder liegen muss,
du, Gott, bestimmst es.
Jedes Wort, das ich spreche,
und jeder Gedanke, den ich denke,
sind dir bekannt.
Von allen Seiten umgibst du mich.
Deine Hand über mir schützt mich
und deine Hand unter mir trägt mich.
Wo immer mein Weg hinführt, du bist da.
In jedem Dunkel lässt du dein Licht aufgehen.
Der Nacht des Todes
lässt du den Tag der Auferstehung folgen.
Für jede Finsternis hast du eine Morgenröte bereit.
Für meinen Verstand ist das zu wunderbar,
für mein Begreifen zu hoch.
Aber mein Glaube traut dir zu,
dass du mich überall erwartest.
Du, Gott – über mir und unter mir.
Du, Gott – um mich herum.
Du, Gott – überall.
Stärke mich in der Hoffnung,
dass die Wege, auf denen du uns leitest,
immer zu dir führen,
dass sie enden – sich vollenden –
in deiner Ewigkeit. Amen.

(Quelle unbekannt)

Kanon

»Bei dir ist die Quelle des Lebens« (s. S. 72)

Evangelium

Lk 13,10–17 Jesus heilt die gekrümmte Frau am Sabbat in der Synagoge

Gedanken zum Evangelium

Vom Erzähler Lukas erfahren wir ziemlich genau, wer diese Frau war. Seit achtzehn Jahren wurde sie von einem bösen Geist geplagt, der sie krank machte. Verkrümmt, gebeugt war sie. Aufrecht gehen konnte sie nicht mehr. Doch die Gekrümmte bleibt für uns namenlos.

Die dämonisierte Frau war krank – körperlich und seelisch. Sie hatte keine Kraft mehr, sich aufzurichten, nach oben zu schauen, hatte den Weitblick verloren. Sie sah das Dunkle der Erde und nicht mehr das Licht des Himmels.

Gekrümmte Frauen leben unter uns – damals wie heute. Die Last, unter der viele zu zerbrechen drohen, ist nicht leichter geworden. Wer schenkt neuen Weitblick? Hoffnung? Richtet auf? Schon achtzehn Jahre krank sein, das ist eine schwere Last – physisch und psychisch. Wie mag die Frau das nur ausgehalten haben?

Langzeitkranke sind oft einsam, allein. Die Tage und Nächte sind lang. In der ersten Zeit einer Krankheit kommen Besucher, kommen Freunde, Freundinnen und Verwandte mit ziemlicher Regelmäßigkeit. Doch je länger die Krankheit dauert, umso seltener werden die Besuche. Allmählich stellt sich ein gewisser Gewöhnungsprozess ein, der mit Hilflosigkeit einhergeht. Viele resignieren.

Und die Kranke? Lebenskraft und Lebensmut sind im Laufe der langen Jahre geschwunden. Die Frau, von der Lukas erzählt, resigniert nicht. Sie macht sich auf, geht in die Synagoge, bricht die Verbindung zur Gemeinde und zu Gott nicht ab. Woher nimmt sie die Kraft? Diese Heilungsgeschichte ist anders als viele Heilungsgeschichten, die wir aus der Bibel kennen. Nicht die Kranke, sondern Jesus ergreift die Initiative. Er sieht die kranke, kraftlose Frau mit dem gebeugten Rücken und schaut sie an. Sie wird angesehen und spürt seinen Blick. Er sieht nicht an ihr vorbei, scheu und hilflos wie viele, sondern er sieht sie an. Sie spürt, dass sie gemeint ist. Augenpaare begegnen sich. Schon allein dieses Angesehenwerden, der verstehende, liebevolle Blick, schenkt neue Kraft, verdrängt das Gefühl der Einsamkeit. Beginnt damit schon der Heilungsprozess? Mit Sicherheit.

Ein Mensch, der so lange krank ist, lechzt geradezu nach Zuwendung, nach einem verstehenden Wort, nach menschlicher Nähe. Jesus gibt mehr. Er sieht sie an und spricht das erlösende Wort. Ja, er spricht sie an und ruft sie zu sich. Ein Mann spricht sie an – und das in einer Synagoge am Sabbat. Da bahnt sich Unmut an. Doch sie folgt seinem Ruf und wird geheilt durch Handauflegung, durch die Berührung und durch das Wort: Frau, du bist von deinem Leiden erlöst.

Da steht sie nun. Jesus hat sie gleichsam in die Mitte gestellt, weggeholt aus der »Randexistenz« und liebevoll seine Hand auf ihren gebeugten Rücken gelegt. Seine heilende Kraft strömte in sie hinein. Sie konnte sich aufrichten, konnte gerade stehen – war nicht mehr die unterdrückte, bedrückte Frau, die am Rande der Gesellschaft, der Gemeinde leben musste. Sie spürte jetzt die Weite des Raumes, spürte Freiheit.

Was mag in ihr vorgegangen sein? Plötzlich gesund. Physische und geistige Kräfte sind wieder verfügbar. Die Seele jubelt.

Wer einmal lange krank war und nach Monaten die ersten Schritte wieder gehen kann, wird solches Glück nachempfinden können. Dankbarkeit erfüllt Genesene, erfüllt die namenlose Frau aus dem Lukas-Evangelium. Wir wissen viel von ihr, nur ihren Namen nicht. Aus dem Gefühl solcher Dankbarkeit erwächst der Lobpreis.

Und noch etwas: Im Streitgespräch der Gesetzestreuen greift Jesus ein und bezeichnet die gekrümmte Frau als »Tochter Abrahams«. Dadurch rechtfertigt er ihren Heilsanspruch. Schließlich ist es doch so: Wer zu Israel gehört, gehört zum Volk der Erwählung und Verheißung. Der seit Abraham angekündigte Heilswille Gottes wird durch Jesu Wirken erfüllt. Durch die Befreiung der geschwächten Frau von einem Dämon wird der enge Zusammenhang zwischen Heilung und Heil sichtbar. Durch Jesus wird nicht nur eine äußere Krankheit kuriert, sondern sein Handeln trifft und heilt den ganzen Menschen. Die Frau richtet sich auf und weiß, dass ihr Zukunft und Hoffnung geschenkt wurden.

Kanon

»Bei dir ist die Quelle des Lebens« (s. S. 72)

Text zur Meditation

Hoffnung lernen

Der Krebs
hatte ihn schon äußerlich gezeichnet
und es konnte sich nur noch
um Tage handeln
und dabei fiel mir auf,
dass wir immer nur sagten:
»Es« kann sich nur noch um Tage handeln,
aber dieses »Es« war der Tod.
Und so war mein Besuch
auf der Intensivstation
voller Angst, Unsicherheit,
Schrecken,
ohne Hoffnung;
tausend Ängste hatten
meine Hoffnung zerstört!
Und dann das Surren
und Piepsen
und Ticken.
Wer *lebt* da eigentlich noch?

Und er,
ER, der Sterbende,
fasste *meine* Hand,
die bleiche, zittrige,
verschwitzte.

Und er,
ER, der Sterbende,
sagte zu *mir:*
Ich werde jetzt sterben,
aber es wird mich nicht töten.
Ja, ich glaube an das ewige Leben.
Herr, lehre mich
hoffen
wie dieser Sterbende.

(Peter Boekholt)

Meditativer Tanz

»Glaube ist der Vogel, der singt« (s. S. 49)

Stille

Fürbitten

Gott, wir bitten dich
für alle Einsamen, die keinen Menschen haben, der mit ihnen spricht –
lass sie deine Gegenwart spüren.

Wir bitten dich
für alle Kranken, die Schmerzen haben und verzweifelt sind –
lass sie deine Gegenwart spüren.

Wir bitten dich
für alle Traurigen, die von Menschen keinen Trost bekommen –
lass sie deine Gegenwart spüren.

Wir bitten dich
für die Menschen in den Kriegsgebieten, die noch keine Hoffnung auf Frieden haben –
lass sie deine Gegenwart spüren.

Gott, wir bitten dich
für alle, die nichts von dir wissen wollen und meinen, ohne dich auskommen zu können –
lass sie deine Gegenwart spüren.

Gott, wir bitten dich
für uns alle, die wir dich in guten wie in schlechten Zeiten brauchen –
lass uns deine Gegenwart spüren, sodass wir Menschen deines Friedens werden. Amen.

(Annette von Reitzenstein)

Vaterunser

Segen

Gott segne dich und behüte dich,
deinen Leib und deine Seele.
Gott lasse sein Angesicht leuchten
über dir und sei dir gnädig,
in Liebe und Güte kannst du leben.
Gott erhebe sein Angesicht über dich
und gebe dir Frieden.
Gott wird dich nicht aus seiner Hand gleiten lassen
Tag und Nacht, von einer Ewigkeit zur anderen.
Amen.

Schlusslied

»Kleines Senfkorn Hoffnung« (kfd-Liederbuch, Nr. 89)

Anneliese Knippenkötter

Wer wird den Stein wegrollen? Frauen zwischen Passion und Auferstehung

EUCHARISTIEFEIER

Vor dem Gottesdienst werden an die Ankommenden kantige Steine verteilt.

Lied

»Suchen und fragen« (kfd-Liederbuch, Nr. 9)

Einführung

Mein Stein

Wir haben Ihnen einen Stein in die Hand gegeben. Wir nehmen ihn in die Hand und fühlen ihn:

Der Stein ist nicht glatt, nicht rund, er schmiegt sich nicht in meine Hand ein. Er ist kein Stein, mit dem ich spielen oder den ich in der Jackentasche bei mir tragen möchte. Der Stein ist hart, kantig, eckig. Der Stein ist rauh, er hat scharfe Ecken und Kanten, er kann kratzen und verletzen. Etwas in mir wehrt sich, diesen Stein in die Hand zu nehmen, ihn zu berühren und mit ihm zu spielen.

Ein eckiger und kantiger Stein in meiner Hand. Er kann ein Sinnbild sein für einen Stein, auf den ich in meinem Alltag stoße: die Last des Haushalts, die Sorge um die Kinder und Enkelkinder, die Mühe der täglichen Arbeit, Schmerzen und Krankheit.

Ein eckiger und kantiger Stein in meiner Hand. Er kann ein Sinnbild sein für einen Stein, auf den ich in meinem Leben stoße: eine zerbrochene Ehe, die Kirchenferne meiner Kinder, meine Not mit der Kirche.

Ein eckiger und kantiger Stein in meiner Hand. Er kann ein Sinnbild sein für einen Stein, der mein Leben behindert. Gibt es in meinem Leben einen solchen Stein? Kann ich ihn konkret benennen? Wie heißt mein Stein?

Stille

Eine jede von uns, ein jeder hat den eigenen Stein, den eigenen ganz persönlichen Stolper-, Begrenzungs- oder Verletzungsstein.

Ich habe meinen ganz persönlichen Stein, den Stein, den ich mit Namen benennen kann, den Stein, der keine andere behindert als mich.

Kyrie

Es gibt auch Steine, die ich mit anderen teile, Steine, die wir gemeinsam haben, die uns allen im Wege liegen. Wir wollen einige Steine benennen. Wir wollen sie Gott hinhalten und um sein Erbarmen bitten.

Da sind die Steine Arbeit und Arbeitslosigkeit.
Menschen leiden unter ihrer Arbeit oder daran, dass sie keine Arbeit haben. Frauen finden keinen Wiedereinstieg in ihren Beruf. Frauen leiden unter der Doppelbelastung Familien- und Erwerbsarbeit. Menschen leiden unter Arbeitsüberlastung, Mobbing, Stress.
Steine, die im Wege liegen.
Wer wird sie wegrollen?
»Kyrie eleison« (kfd-Liederbuch, Nr. 109)

Da sind die Steine Vorurteile, Hass, Feindschaft.
In unserem Land werden Menschen aufgrund ihrer Hautfarbe geschlagen, getreten und angespuckt. In vielen Teilen der Welt gibt es Vergewaltigungen, Folter und Terror. Nach wie vor werden in Israel und Palästina Steine geworfen und werden Menschen getötet. Nach wie vor gibt es Krieg in Tschetschenien und an vielen anderen Orten der Erde.
Steine, die im Wege liegen.
Wer wird sie wegrollen?
»Kyrie eleison« (kfd-Liederbuch, Nr. 109)

Da sind die Brüche in meinem Leben.
Da gibt es den unerfüllten Berufswunsch, da gibt es das Aufgeben der Berufstätigkeit, weil Familie und Beruf nicht miteinander zu vereinbaren waren. Da ist der unerfüllte Wunsch nach einem eigenen Kind. Da ist die Krankheit des Partners oder die eigene Krankheit. Da ist der Verlust des Partners, der Verlust eines Kindes, das Sterben lieber Menschen.
Steine, die im Wege liegen.
Wer wird sie wegrollen?
»Kyrie eleison« (kfd-Liederbuch, Nr. 109)

Da sind die Beschwerden des Alters.
Da ist die Krankheit, die die Lebensqualität mindert, körperliche Behinderung, Bewegungseinschränkung, Pflegebedürftigkeit. Da sind fehlende finanzielle Absicherung und Altersarmut, Hilflosigkeit in vielen Alltagsdingen. Da ist das Gefühl, überflüssig zu sein, Angst vor Altersverwirrtheit, Angst, die gewohnte Umgebung verlassen und in ein Altersheim umziehen zu müssen.
Steine, die im Wege liegen.
Wer wird sie wegrollen?
»Kyrie eleison« (kfd-Liederbuch, Nr. 109)

Da sind Glaubensnot und Glaubensverlust.
War alles falsch, was ich bisher geglaubt habe? Warum haben meine Kinder den Glauben verloren? Warum lässt Gott so viel Leid zu? Ist es wirklich Gottes Wille, was jetzt geschieht, was jetzt mit mir geschieht? Ist Gott wirklich für mich da? Ich kann nicht mehr beten!
Steine, die im Wege liegen.
Wer wird sie wegrollen?
»Kyrie eleison« (kfd-Liederbuch, Nr. 109)

Da sind die Mauern in der Kirche.
Wie soll es mit der Ökumene weitergehen? Wer tröstet die nach einer Scheidung wieder verheirateten Frauen und Männer? Wer tröstet die Frauen, die sich zu einem Weiheamt als Priesterin oder Dia-

konin berufen fühlen? Warum sind unsere Gottesdienste oft so blutleer, erstarrt und freudlos? Wann wird unsere Kirche wahrhaft zum Modell für das gleichwertige und partnerschaftliche Zusammenleben und -wirken von Männern und Frauen, Priestern und Laien?
Steine, die im Wege liegen.
Wer wird sie wegrollen?
»Kyrie eleison« (kfd-Liederbuch, Nr. 109)

Tagesgebet

Gott,
du bist ein Gott des Lebens und nicht des Todes. Du willst, dass wir Leben haben. Wir aber leiden unter vielfältigen Steinen, die unseren Weg behindern.
Stärke in uns die Hoffnung, dass die Steine, die uns im Wege liegen, verändert und gewandelt werden durch dich.
Darum bitten wir dich durch Jesus Christus und in der Kraft des Heiligen Geistes. Amen.

Evangelium

Wer wird den Stein wegrollen? Vor 2000 Jahren hatten drei Frauen dieselbe Frage. Hören wir ihre Geschichte.

Mk 16,1–8 Die Frauen am Grab

Gedanken zum Evangelium

»Wer wird den Stein wegrollen?« Noch haben wir diese Frage im Ohr, die sich uns in den verschiedenen Problemfeldern gestellt hat. Auch in dem Evangelium, das wir gehört haben, wird von einem Stein berichtet, der im Wege liegt. Ein Stein versperrt den Zugang zum Grab, er hindert die Frauen daran, ihren Dienst an dem toten Freund zu tun, er hindert sie, den Geliebten zu salben. So glauben sie jedenfalls. Als die Frauen zum Grab kommen, ist der Stein weggerollt.

»Wer wird den Stein wegrollen?« Die Frage nach dem »Wer« wird nicht beantwortet. Entscheidend ist das »Dass«! Der Stein ist weggerollt. Das Grab ist offen. Der Tote lebt.

»Wer wird den Stein wegrollen?« Die frohe Botschaft des Evangeliums will frohe Botschaft für uns sein: Auch unsere Steine werden »bewegt«. Jesus Christus, der Auferstandene bewegt unsere Steine.

»Wer wird den Stein wegrollen?« Jesus Christus, der Lebendige, der Auferstandene kann unseren, er kann *meinen* Stein wegrollen. Als Zeichen unseres Vertrauens in seine bewegende Kraft, als Zeichen unserer Hoffnung, dass unsere Steine durch seine Auferstehung weggerollt werden, laden wir Sie ein, den eigenen Stein vor dem Altar abzulegen. Und dann wollen wir Ostern feiern, Auferstehung, Eucharistie.

Das ist Seine Botschaft an uns: Der Stein ist bewegt. Der Stein ist weggerollt. Das Grab ist offen. Der Tote lebt. Das Leben ist stärker als der Tod. Halleluja!

Lied

»Halleluja-Kanon« (in: FrauenGottesDienste 9, S. 64)

Lied und Tanz

»Morgenrot« (s. S. 44)

Fürbitten

mit Refrain »Morgenrot« (s. S. 44)

Guter Gott, Menschen leiden unter vielen Steinen, die ihnen den Weg zum Leben versperren. Mit unseren Bitten kommen wir zu dir.

- Wir beten für die Frauen und Männer, die arbeitslos sind, und für die, die unter ihrer Arbeit leiden.

Wir beten für sie und singen ihnen zu:

Refrain:
Mich trifft dein Wort: Steh auf, blick nach vorn.
Mich trifft dein Wort: Steh auf, blick nach vorn
in das Morgenrot einer neuen Zeit.
Steh auf, blick nach vorn.

- Wir beten für alle Menschen, die unter Vorurteilen, Hass und Feindschaft leiden, und für die, die selbst Vorurteile haben, hassen und Feind sind.
  Wir beten für sie und singen ihnen zu:
  Refrain
- Wir beten für die Frauen und Männer und Kinder, die unter den Brüchen ihres Lebens leiden, und für die, die anderen Brüche zufügen.
  Wir beten für sie und singen ihnen zu:
  Refrain
- Wir beten für die alten Menschen, die unter den Beschwerden ihres Alters leiden, und für die, die sich um alte Menschen kümmern.
  Wir beten für sie und singen ihnen zu:
  Refrain
- Wir beten für alle Menschen, die zweifeln oder den Glauben verloren haben, und für die Menschen, die sich mühen, den Glauben der anderen zu stärken.
  Wir beten für sie und singen ihnen zu:
  Refrain
- Wir beten für alle Menschen, die an Mauern in der Kirche leiden, für die Menschen, die Mauern bauen, und für die, die sich mühen, Steine wegzurollen.
  Wir beten für sie und singen ihnen zu:
  Refrain

- Wir beten für alle Menschen, die gestorben sind, die in der Hoffnung gelebt haben, dass es keinen Stein vor ihrem Grab gibt.
  Wir beten für sie und singen ihnen zu:
  Refrain

Diese und alle unsere Bitten, die wir mitgebracht haben, tragen wir vor dich. Höre und erhöre uns. Amen.

Gabengebet

Gott,
du hast deinen Sohn vom Tode auferweckt. In ihm schenkst du auch uns neues Leben.
Stärke in dieser Feier das göttliche Leben in uns, damit wir in der Welt Zeugnis geben können von deinem Leben.
Darum bitten wir durch Christus, unseren Herrn.

Sanctus

»Heilig bist du« (kfd-Liederbuch, Nr. 112)

Friedenslied

»Wo Menschen sich vergessen« (in: FrauenGottesDienste 6, S. 69)

Lied nach der Kommunion

»Seht, der Stein ist weggerückt« (s. S. 68)

Schlussgebet

Gott des Lebens,
du hast die Frauen am Grab zu Botinnen der Auferstehung deines Sohnes gemacht.
Hilf uns, dass auch wir aus der Kraft dieser Feier zu Botinnen und Boten deines Sohnes werden – mitten in der Welt.
Darum bitten wir durch Jesus Christus, unseren Herrn.

Sendung

Am Beginn dieses Gottesdienstes hat jede von uns einen Stein in der Hand gehalten, einen rauhen, eckigen, kantigen Stein. Wir haben diesen, unseren ganz persönlichen Stein und alle anderen Steine unseres Lebens betrachtet und haben sie schließlich am Altar abgelegt. Wir haben unsere Steine abgelegt, damit sie bewegt werden, damit sie weggerollt werden, weggerollt in die Auferstehung Jesu hinein. Wir haben unsere Steine abgelegt und haben dann befreit, ohne Steine miteinander Auferstehung gefeiert, Ostern gefeiert, Halleluja gesungen: »Seht, der Stein ist weggerückt!«

Am Ende unseres Gottesdienstes liegen alle unsere Steine noch da, sie sind nicht weg. Und doch hat sich etwas verändert. Mein Stein ist nicht weg, aber er ist verwandelt, weil ich ihn mit den Augen von Ostern ansehe. *Ich* habe mich bewegt, ich habe mich verändert. Ich gehe freier, leichter, mutiger nach Hause, mit ein bisschen mehr Kraft und neuer Hoffnung und mit dem Halleluja im Herzen. Für mich ist das nicht frommer Selbstbetrug, sondern Oster-Hoffnung, neu bestärktes Vertrauen in den Auferstandenen, der mir vorausgeht, der mit mir geht und mich mit meinem Stein nicht allein lässt.

Als Zeichen für diese verwandelnde Kraft des Auferstandenen, als Zeichen der Hoffnung und des Vertrauens in den Sieg des Lebens über den Tod laden wir Sie ein, sich einen Stein aus dem großen Steinhaufen hier wieder herauszunehmen und mit nach Hause zu nehmen. Damit es Ihr Auferstehungs-Stein ist. Ihr Hoffnungs-Stein, der Sie zu Hause erinnert: »Seht, der Stein ist weggerollt!« Dass diese österliche Sicht, diese verwandelnde Kraft der Auferstehungshoffnung uns zu Hause in unserem Alltag trägt, dass sie uns und unsere Sicht auf unser Leben und die Steine um uns herum verändert, dass sie uns zu österlichen Menschen macht, die weitererzählen, was sie erfahren haben, dafür bitten wir Gott um seinen Segen, väterlich und mütterlich, verwandelnd und erlösend, Leben spendend und mitgehend.

Segen

Lied

»Halleluja-Kanon« (in: FrauenGottesDienste 9, S. 64)

Christel Bünk, Irmentraud Kobusch, Marie-Luise Langwald

Hoffnung hilft leben

WORTGOTTESFEIER AM ABEND

Die Gruppe, die sich zur abendlichen Besinnung eingefunden hat, sitzt im Kreis um den Altar, wenn das Abendlob in der Kirche stattfindet, oder in einem Raum eines Tagungshauses oder in der Pfarrei. Die Mitte des Raumes wird mit bunten Tüchern, Blumen und Kerzen gestaltet.
Auf jedem Platz liegt ein Stein. Einige Stifte sind vorhanden, damit die Teilnehmerinnen ihren Namen auf den Stein schreiben können.

Begrüßung und Einführung

Nach getaner Arbeit im Beruf, in der Familie, in dieser Gemeinschaft oder sonstwo heiße ich Sie herzlich willkommen zur abendlichen Besinnung und zum Gebet.

Gewiss wundern Sie sich über den Stein, der auf Ihrem Platz liegt. Im Gottesdienst wollen wir ihn an einer Stelle näher betrachten. Ich bitte Sie, Ihren Namen auf den Stein zu schreiben. Mir wird bewusst: Ich bin hier. Ich bin hier nicht allein. Als Schwestern im Glauben sind wir hier versammelt.

Wir beginnen den Gottesdienst im Namen des Vaters, der unsere Welt erschaffen hat;
im Namen des Sohnes, der in unserer Welt gelebt hat;
im Namen des Heiligen Geistes, der uns mit seiner Liebe erfüllt.

Lied

»Solang es Menschen gibt auf Erden« (GL 300)

Gebet

Gott,
du bist unsere Kraft zum »Dennoch«,
wenn Misserfolge uns bitter machen,
wenn Härten unsere Herzen versteinern,

wenn Traurigkeit uns lähmt,
dennoch »Ja« zu sagen zu
Glaube, Hoffnung, Liebe.

Doch Herr,
schenke uns immer wieder
Streiflichter der Hoffnung,
denn
wir sind schwache Menschen

(Anette Feigs)

Nachdenken über den Tag in Stille

Instrumentalmusik

Es gab gewiss auch an diesem Tag einiges, das uns Freude gemacht hat. Aber es kann auch sein, dass das Schwere auf uns lastet. Übergeben wir alles dem Vater, der uns liebt. Diese Hoffnung hilft leben.

Lesung

Röm 8,38–39 Nichts kann uns scheiden von der Liebe Gottes

Gedicht

Die drei Steine

»Wie lange kann ich noch leben,
wenn mir die Hoffnung
verloren geht?«,
frage ich die drei Steine

Der erste Stein sagt:
»So viel Minuten du
deinen Atem anhalten kannst
unter Wasser
noch so viel Jahre«

Der zweite Stein sagt:
»Ohne Hoffnung kannst du noch
leben
solange du ohne Hoffnung
noch leben willst«

Der dritte Stein lacht:
»Das hängt davon ab was du
noch Leben nennst
wenn deine Hoffnung tot ist«

(Erich Fried)

Gedanken zu dem Gedicht von Erich Fried: »Die drei Steine«

Was mögen das für Steine sein, die Erich Fried zum Sprechen bringt? Die Frage nach dem Leben, nach der Länge, nach der Zeit, nach dem, was Leben ist, sein kann oder auch nicht, stellt er den Steinen. Er begnügt sich nicht mit der Antwort des ersten Steines. Nein, er lässt alle zu Wort kommen. Alle Antworten sind ihm wichtig.

Es sind drei Steine. Vor uns liegen viele Steine. Jede von uns hat ihren Stein, der befragt werden könnte. Schöne, glatte Steine liegen da. Der tschechische Dichter Herbert sagte einmal von einem Stein, einem Kiesel: »Der Sinn des Daseins ist nichts weiter, als ganz Stein zu sein: hart und fest, mit einem Geruch, der an nichts erinnert, nichts verscheucht, keinen Wunsch erweckt. (…) Der Kiesel ist als Geschöpf vollendet.«

Was haben Steine uns zu sagen? Heute, an diesem Abend? Ihre Form ist vollendet – wir sind auf dem Weg. Wir fragen: Woher – wohin – wozu? Welche Hoffnungen bestimmten die Ziele unserer Wege? Können wir ohne Hoffnung leben? Kommen wir zurück zu Erich Fried, zu den drei Steinen, die er befragt:

»Wie lange kann ich noch leben,
wenn mir die Hoffnung
verloren geht?«

Die Antworten der Steine gleichen sich, obwohl sie sehr verschieden voneinander sind.

Der *erste* Stein gibt einen Hinweis aus dem physischen Bereich:

»So viel Minuten du
deinen Atem anhalten kannst
unter Wasser
noch so viel Jahre.«

Nun, ein guter Schwimmer bringt es vielleicht auf zwei Minuten unter Wasser. Es bleiben also zwei Jahre Leben ohne Hoffnung – nicht mehr; so könnte die konkrete Antwort lauten. Zwei Jahre ohne Hoffnung?

Der *zweite* Stein spricht von der Willensstärke, davon, wie lange jemand noch leben will. Dass durch den Willen viel möglich ist, das haben wir alle schon erfahren. Doch wo die Hoffnung aufgegeben wurde, dort wurde der Lebenswille zerstört. Dieser Wille zum Leben bleibt nur erhalten, wenn man sieht, wie es in einer schier hoffnungslosen Situation weitergehen kann – dort, wo ein Fünkchen Hoffnung aufleuchtet. Die kurze Antwort des Steines heißt:

»Ohne Hoffnung kannst du noch leben,
solange du ohne Hoffnung
leben willst.«

Der *dritte* Stein schließlich setzt in seiner Antwort Hoffnung und Leben gleich, wenn er sagt:

»Das hängt davon ab, was du
noch Leben nennst
wenn deine Hoffnung tot ist.«

Dies ist ein deutlicher Hinweis auf das, was Leben ist oder auch nicht. Dort, wo die Hoffnung tot ist, dort ist auch kein Leben mehr. Eine radikale Aussage, die unsere Frage nach dem, was Leben nun eigentlich ist, immer drängender werden lässt. Begegnet uns nicht an vielen Plätzen, in vielen Begegnungen große Hoffnungslosigkeit, Resignation? Sind nicht auch wir in bestimmten Lebenssituationen die Hoffnungslosen, die keinen Ausweg sehen? Gibt es einen Weg, gibt es mehrere Wege, die trotz unveränderter Situation neu hoffen lassen?

Ich meine, immer dann, wenn wir einander ermutigen, einander trösten wollen, dann versuchen wir, einander Hoffnung zu geben. »Ohne Hoffnung sprechen, heißt ohne Güte sprechen«, meint Bert Brecht.

Wir sind immer wieder auf der Suche nach der Hoffnung, die uns in unseren Ängsten weiterleben lässt – vielleicht an diesem Abend, in dieser Nacht, in den kommenden Tagen und Wochen.

Wie lange kann ich noch leben ...? Was ist Leben? Das ist nicht nur die theoretische Frage, die uns im Hinblick auf unsere Aufgabe in diesen Tagen beschäftigen wird. Das auch, aber es ist zunächst einmal die sehr persönliche Frage einer jeden in dieser Runde.

Drei Steine wurden befragt. Drei Steine geben drei Antworten. Habe ich meine Antwort heute schon gegeben – vielleicht auch für morgen?

Glaubende, Christinnen und Christen, finden eine Antwort in der Botschaft von der Auferstehung Jesu: Der Stein war weggewälzt, das Grab leer; der auferstandene Jesus hatte Maria von Magdala den Auftrag gegeben, den Brüdern zu berichten. Vom Leben. Es ist die zu allen Zeiten gültige und faszinierende Hoffnungsbotschaft, die auch im Jahr 2001 nicht verstummen wird. Wir können versuchen, sie zu verstehen, und vielleicht gelingt es uns auch, die Hoffnungsbotschaft, die Nachricht vom Leben, an andere weiterzugeben.

Drei Steine – drei Antworten.

Ein Stein, ein weggewälzter Stein – meine Antwort?

Instrumentalmusik

Einladung zum Gebet

Wir haben einen Stein, unseren mit dem Namen beschrifteten Stein in der Hand. In der Bibel findet sich die Zusage Gottes: Ich habe dich bei deinem Namen gerufen. Meine Hoffnung, unsere Hoffnung, unser Leben sind nicht namenlos, nicht ziellos, solange die Botschaft von Kreuz und Auferstehung lebendig bleibt, die Botschaft vom Reich Gottes, vom neuen Himmel und der neuen Erde.

Wir betrachten und befühlen unseren Stein. Wir befragen ihn nach unseren Hoffnungen, nach den ganz persönlichen, nach den Hoffnungen für andere.

Ich lade Sie ein, unsere Hoffnung einander mitzuteilen und die Gebetsgemeinschaft zu bitten, mit uns zu hoffen.

Die Teilnehmerinnen stehen auf, legen ihren Stein in die Mitte und gestalten daraus ein Kreuz. Dabei sagt die Einzelne ihre Hoffnung, zum Beispiel: »Ich hoffe, dass mein Mann seinen Arbeitsplatz nicht verliert – hoffet und betet mit mir.«

Gott, du hast unsere Ängste und Sorgen, unsere Hoffnungen und Bitten vernommen. Wir bitten um dein Erbarmen.

Gebet

Gott unserer Hoffnung
Licht unseres Glaubens
in Jesus ist für viele Menschen aufgeleuchtet
was es sein könnte
dein Reich
deine neue und gute Schöpfung:
Kranke wurden geheilt
Lahme tanzten auf den Straßen vor Freude
Blinde staunten über die Pracht der Blumen
und Taube hörten die Worte der Liebe
Stumme überzeugten beredt die Ungläubigen
Gott, deine neue und gute Schöpfung
lass sie wachsen
jetzt und hier
unter dem Alten hervorglänzen
wie ein neues Gewand,
Gott, dein Reich komme. Amen.

(Brigitte Enzner-Probst)

Vaterunser

Hoffnungslitanei

DER HOFFNUNG NAMEN GEBEN – DAS LEBEN WEITEN

Meine HOFFNUNG hat NAMEN von Menschen,
von Männern, von Frauen.

Meine HOFFNUNG heißt ABRAHAM,
sie wagt sich auf einen Weg,
dessen Ziel nur GOTT kennt.

Meine HOFFNUNG heißt ISAAK,
sie lässt sich nicht umbringen.

Meine HOFFNUNG heißt ISRAEL,
sie hält es aus auch in Ängsten,
sie ringt mit GOTT und Menschen.

Meine HOFFNUNG heißt TAMAR,
sie gibt nicht auf,
sie kennt kein »aussichtslos«.

Meine HOFFNUNG heißt RAHAB,
sie ist ein offenes Haus,
das Bedrängten Zuflucht gewährt.

Meine HOFFNUNG heißt RUT,
sie wagt den Schritt über Grenzen
zu einer Liebe, die Völker verbindet.

Meine HOFFNUNG heißt ISAI,
sie ist eine Wurzel in guter Erde.
Sie wächst zum Baum der Zukunft.

Meine HOFFNUNG heißt DAVID,
mit einem Kiesel besiegt sie Riesen,
mit der Harfe zähmt sie Tyrannen,

sie kennt Schuld und Sühne
und GOTTES Vergebung.

Meine HOFFNUNG heißt BATSEBA,
geläutert durch Liebe und Leid,
baut sie die Brücke zur Zukunft.

Meine HOFFNUNG heißt SALOMO,
sie sucht Weisheit und Frieden,
hilft GOTT, sein Haus zu bauen
unter den Menschen.

Meine HOFFNUNG heißt JOSEF,
sie ist gerecht und barmherzig,
demütig und treu.

Meine HOFFNUNG heißt MARIA,
sie ist jung und voll Kraft,
gläubig und reinen Herzens,
sie ist Tür und Schoß,
Mutter und Schwester,
Magd und Königin
für IHN
und für uns.

Meine HOFFNUNG heißt vor allem JESUS;
sie ist GOTT selber im Menschen,
der unser Bruder wurde,
in allem wie wir außer der Sünde,
schaubar als Kind in der Krippe,
hörbar im Wort des Lebens,
berührbar als Heiland der Kranken,
sie starb am Kreuz für uns alle,
sie stand auf und sie lebt und wird leben,
und auch ich darf leben
und du und wir alle.

Meine HOFFNUNG hat einen NAMEN,
der ist größer als alle Namen:
JESUS, der CHRISTUS,

ist mir nah und doch fern,
ist schon da und wird kommen,
lässt sich vernehmen im Wort,
sich verzehren im lebendigen Brot
und im Kelch des Lebens,

meine HOFFNUNG wandelt und prägt
und weitet mein Leben.
Meine HOFFNUNG hat noch viele NAMEN,
auch Ihr NAME zählt für mich dazu.
Es sind NAMEN von Frauen und Männern
und von ganz vielen Kindern,
von Menschen, denen ich täglich begegne,
die ihrer HOFFNUNG NAMEN geben wie ich.
Und ich hoffe, dass auch mein NAME
dabei ist als NAME für Ihre HOFFNUNG,
so wie Ihr NAME für meine.
Möge unsere gemeinsame HOFFNUNG
uns befreien aus Enge und Ängsten,
dass sie Ihr und mein LEBEN WEITET.

(Hermann Lunkebein)

Lied

»Kleines Senfkorn Hoffnung« (kfd-Liederbuch, Nr. 89)

Gebet

O Gott, du hast mich den Tag in Frieden verbringen lassen,
lass mich auch die Nacht in Frieden verbringen.
O Gott, es gibt keinen Gott über dir.

Es gibt keine Stärke, es gibt sie nur in dir.
Es gibt keine Einheit, es gibt sie nur in deinem Hause.
In deiner Hand verbringe ich die Nacht.
Du bist meine Mutter und mein Vater zugleich.
Du bist mein ganzes Zuhause.
Amen.

(Aus Kenia)

Lied

»Gottes Wort ist wie Licht in der Nacht« (kfd-Liederbuch, Nr. 19)

Abschied und Segen

Wir nehmen Abschied. Von den Steinen, die wir zu einem Kreuz geformt haben, nehmen wir einen Stein (nicht den eigenen) mit der stillen Zusage, an die Betreffende am nächsten Tag zu denken. Wir gehen in die Nacht und bitten Gott, er möge uns behüten.

Der Segen des Gottes von Sarah und Abraham,
der Segen des Sohnes, von Maria geboren,
der Segen des Heiligen Geistes, der über uns wacht wie eine Mutter über ihre Kinder,
sei mit euch allen.
Amen.

(Aus Kanada)

Schlusslied

»Unsere Hoffnung bezwingt die schwarze Angst« (kfd-Liederbuch, Nr. 28)

Anneliese Knippenkötter

Materialien und Anregungen

Segellied

Meine Hände fassen still
Nach dem Schloss am Ringe.
Mühn sich, bis es lassen will,
Fahr nun Kahn und klinge. –

Draußen fängt kein Ruf uns mehr.
Wollen nichts mehr denken.
Leuchtend lieg' ich, leicht und leer,
Zwischen roten Bänken.

Lass mein Kahn die Welt vergehn.
Ich will nicht mehr weinen.
Wenn uns Gott nur bleibt bestehn.
Und der Wind im Leinen.

Silja Walter

eure Hoffnung wirft das Netz aus

eure Hoffnung wirft das Netz aus
lassen wir uns fangen?
fangen wir in Jesu Namen neues Leben an?

wir schlüpfen durch die Maschen
wir legen uns nicht fest
wir füllen uns die Taschen
teilt unter euch den Rest

eure Hoffnung wirft das Netz aus …

wir kaufen eure Fische
wir legen Preise fest
wir setzen uns zu Tische
teilt unter euch den Rest

eure Hoffnung wirft das Netz aus …

wir leben für die Waffen
so legen wir uns fest
wir halten und wir raffen
was sich nicht halten lässt

eure Hoffnung wirft das Netz aus …

wir lernen euer Hoffen
wir spüren eure Hand
die Wunden liegen offen
wir finden uns am Strand

eure Hoffnung wirft das Netz aus
lassen wir uns fangen
fangen wir in Jesu Namen neues Leben an

Christa Peikert-Flaspöhler

Morgenrot

T: Marie-Luise Langwald
M: Georg Bünk

2. Gefangen in Grenzen des Könnens, in Engen des Wissens, im Zweifel an mir. Zum Grab geschwiegen habe ich mich: sprachlos vor Schmerz.
3. Gebunden an Gestern und Altes, an Totes, Erstarrtes, an Herzen aus Stein. Zum Grab geschwiegen habe ich mich: wortlos vor Wut.

Refrain:

Ich hör' dein Wort: Steh auf, geh den Weg.
Ich hör' dein Wort: Steh auf, geh den Weg
in das Morgenrot einer neuen Zeit.
Steh auf, geh den Weg.

Ausgangsstellung

Die Frauen stehen in 3 Gruppen, aufrecht, Arme am Körper.
Bei den Strophen 1–3 bewegen sich jeweils die Frauen einer Gruppe, bei der 4. Strophe alle Frauen.
Die Bewegungen bei den Strophen sind verschieden,
beim Refrain der 1. Strophe bewegt sich nur die 1. Gruppe,
beim Refrain der 2. Strophe die 1. und 2. Gruppe,
beim Refrain der 3. Strophe bewegen sich alle Frauen.

1. Strophe

Zerbrochen die Träume vom Leben, die Pläne für Zukunft,	Kopf und Rücken langsam beugen
die Hoffnung auf Glück.	Arme gestreckt von außen nach oben führen, die Handflächen legen sich gekreuzt auf das gebeugte Haupt
Zum Grab geschwiegen habe ich mich:	Starre
trostlos vor Trauer.	Bewegung halten
Mich trifft dein Wort:	ruckartig aufrichten, Hände aufspringen lassen, Arme rechts und links gleichzeitig nach außen führen
Steh auf, blick nach vorn. Mich trifft dein Wort:	Bewegung halten
Steh auf, blick nach vorn	Ausgangsstellung
in das Morgenrot	beide Arme mit offenen Handflächen nach vorne zur Mitte strecken
einer neuen Zeit.	Arme langsam nach oben führen, Blick wandert mit
Steh auf, blick nach vorn.	Arme langsam im Bogen seitwärts an den Körper führen.

2. Strophe

Gefangen in Grenzen des Könnens,	gekreuzte Arme eng um den Oberkörper legen
in Engen des Wissens,	Kopf einziehen
im Zweifel an mir.	Hände langsam vor den Mund führen

Zum Grab geschwiegen	Starre
habe ich mich:	
sprachlos vor Schmerz.	Bewegung halten
Mich trifft dein Wort:	s. o.

3. Strophe

Gebunden an Gestern und Altes,	Oberkörper leicht beugen
an Totes, Erstarrtes,	Unterarme kreuzen
an Herzen aus Stein.	Hände zu Fäusten ballen und nach oben strecken
Zum Grab geschwiegen	Starre
habe ich mich:	
wortlos vor Wut.	Bewegung halten
Mich trifft dein Wort:	Arme auseinander reißen, Fäuste springen gleichzeitig auf
Steh auf, blick nach vorn.	Bewegung halten
Mich trifft dein Wort:	s. o.

4. Strophe

Befreit zu Hoffnung auf Zukunft,	Frauen bilden mit erhobenen Armen einen Kreis (um den Altar)
zu Leben in Fülle,	Arme senken, Handflächen offen
zum Glauben an dich.	einen Schritt nach vorn gehen, Armhaltung bleibt
Vom Grab getrieben hast du mich:	Wendung um die rechte Schulter nach außen, Armhaltung bleibt
Zeugin zu sein.	ein Schritt nach vorn, Armhaltung bleibt
Ich hör dein Wort:	
Steh auf, geh den Weg.	
Ich hör dein Wort:	
Steh auf, geh den Weg	in die Gemeinde gehen, Arme dabei senken

in das Morgenrot	beide Arme mit offenen Handflächen nach vorne zur Mitte strecken
einer neuen Zeit.	Arme langsam nach oben führen, Blick wandert mit
Steh auf, blick nach vorn	Arme langsam im Bogen seitwärts an den Körper führen.

Traudel Hoffmann

Glaube ist der Vogel, der singt

Kanon für 3 (bzw. 4) Stimmen

T: Rabindranath Tagore
M: Siegfried Macht

Aus: Macht, Siegfried, Wenn die Nacht noch dunkel ist. Leu Verlag, Bergisch Gladbach 1993 © beim Autor.

Aufstellung in zwei bis vier konzentrischen Kreisen, Blick zur Mitte, Hände ungefasst, Kopf gesenkt.

Der Innenkreis beginnt mit dem Gesang des Ostinatos, mit jedem Durchgang kommt ein weiterer Kreis singend hinzu.

Der Ostinato wird ungefasst im Stand gesungen – oder die Hände beider Nachbar(inne)n locker herabhängend gefasst und mit folgendem Schritt im Uhrzeigersinn über die Kreisbahn:

Takt	*Zeit*	*Bewegung*
1	1	Links seitwärts nach links
	2	rechts nachstellen
2	1	links seitwärts nach links (rechts leicht heben)
3	1	auf rechts seitwärts zurückwiegen

4–6 wie Takt 1–3, aber zum letzten Schritt die Hände in Schulterhöhe (W-Fassung) erheben und zum Neueinsatz gleich wieder fallenlassen.

Sobald alle mindestens einmal den Ostinato gesungen haben, beginnt der Innenkreis mit der Kanonmelodie und der folgenden Schrittfolge in Tanzrichtung auf der Kreisbahn (gegen Uhrzeigersinn, d. h. bildlich der »aufgehenden Sonne« entgegen),
die Hände beider Nachbar(inne)n werden dazu (locker herabhängend) gefasst:

Takt	*Zeit*	*Bewegung*
1		Rechts vor
2		links vor
3		Wiegeschritt rechts vor:
	1	re vor
	2	li rück
4	1	re vor
5–8		Takt 1–4 gegengleich wiederholen (links beginnt)

von vorn

Wieder wird die Bewegung nach und nach (von innen nach außen wandernd) von den übrigen Kreisen übernommen, bis der Ostinato verschwunden ist. Die Außenkreise können die Einstimmigkeit verstärken oder die jeweiligen Kanoneinsätze übernehmen.

Siegfried Macht

WERKSTATT GOTTESDIENST

Auf den folgenden Seiten werden Gottesdienste oder auch einzelne Gottesdienstelemente vorgestellt, die sich nicht unmittelbar auf den thematischen Schwerpunkt beziehen. Sie können in Teilen oder vollständig übernommen und auch in einen größeren liturgischen Rahmen einbezogen werden. Aus einem »Morgenlob« lässt sich mit wenigen Änderungen ein Gottesdienst zum Tagesausklang machen, ein Meditationstext kann in einer Eucharistiefeier Verwendung finden … Durchgängig sollen die Materialien dieses Teils dazu anregen, konkrete und anschauliche Symbole für eine ganzheitliche Liturgie fruchtbar zu machen, in der Gott »mit Herzen, Mund und Händen« angesprochen wird.

Frauen auf dem Weg

MORGENLOB

Begrüßung und liturgische Eröffnung

Lied

»Gott gab uns Atem« (kfd-Liederbuch, Nr. 98)

Gebet

Gott schenke mir schwestern zwei oder drei –
allein spür ich mich kaum kaum meine mitte
lass uns uns sammeln dich in der mitte
schenk uns gemeinschaft
schwesterlichkeit
dich zu erfahren zu hören verstehen
gemeinsam zu prüfen zu denken zu handeln
schenk mir die schwestern
du gott
zeig deine mitte

(Susanne Kahl-Passoth)

Lesung

Mt 10,7–8 Das Himmelreich ist nahe

Instrumentalmusik

Gebet

Alle: Wir bringen dir unsere Gaben Gott …

1. Sprecherin: Arbeit an uns selbst
dass wir werden wozu du uns rufst

2. Sprecherin: Arbeit an den
sich wandelnden Rollenbildern
damit alle Menschen nicht eingeengt werden

1. Sprecherin: Arbeit an der Veränderung
der Sprache/des Denkens
damit wir deine Ganzheit ahnen

2. Sprecherin: Arbeit an der Ermutigung
der Ängstlichen
dass sie dich befreit loben können

1. Sprecherin: Arbeit am Bild der Kirche
Gemeinschaft unseres Glaubens
dass sie Raum gibt allen Gnadengaben
die von dir kommen

Alle: Mach uns bereit Gott
diese Arbeit täglich neu auf uns zu nehmen
und nimm du sie an
damit alle Menschen einstimmen können
in den Lobpreis deiner Güte

(Christel Voß-Goldstein)

Lied

»Wenn wir das Leben teilen« (kfd-Liederbuch, Nr. 42, 1.3.5–6)

Segensgebet

Gott, segne uns die Erde, auf der wir jetzt stehen.
Gott, segne uns den Weg, den wir jetzt gehen.
Gott, segne uns das Ziel, für das wir jetzt leben.
Du Immerdar und Immerdar,
segne uns auch, wenn wir rasten.

Segne uns das, was unser Wille sucht.
Segne uns das, was unsere Liebe braucht.
Segne uns das, worauf unsere Hoffnung ruht.
Gott, segne unseren Blick,
auf dass wir, von dir gesegnet,
einander zum Segen werden können.

(Nach irischen Segenswünschen)

Lied

»Lasst uns miteinander gehen« (kfd-Liederbuch, Nr. 13)

Isolde Niehüser

Weihrauch-Liturgie als Feier unserer Berufung

Die Weihrauchliturgie kann eingebunden werden in eine Eucharistiefeier oder in einen Wortgottesdienst. Hier ist sie Teil eines österlichen Gottesdienstes, dessen Evangelium die Begegnung Jesu mit Maria von Magdala ist.

Wir haben gelernt, dass priesterlich handeln heißt: vermitteln zwischen Gott und den Menschen.

Was das für Maria von Magdala bedeutete, das haben wir erfahren. Sie ist zu Jesus gegangen und hat sich von ihm heilen – wandeln – lassen.

Sie ist bei ihm geblieben und hat ihm die Treue gehalten, als andere feige davonliefen.

Sie hat seine Nähe auch nach seinem Tod gesucht und ist so dem Lebenden begegnet.

Sie hat sich in dieser Begegnung neu wandeln – und senden – lassen, um ihn zu verkündigen.

Auch wir sind zu Jesus gegangen, immer wieder neu seit unserer Taufe. Wie oft und wie sehr wir uns dabei haben wandeln lassen, weiß jede von uns als ihr innerstes Geheimnis.

Auch wir sind ihm als dem Lebenden begegnet, immer wieder neu im Sakrament der Eucharistie.

Auch wir haben uns von ihm senden lassen in der Firmung und immer wieder neu, wenn wir Verantwortung übernehmen für andere Menschen, für seine und unsere Schwestern und Brüder.

Wir suchen nach Formen und Zeichen, um unsere Berufung als priesterliches Volk Gottes neu zu spüren. Ein uraltes Zeichen priesterlichen Handelns soll uns dabei helfen:

Der Weihrauch

Die kleinen Körnchen aus seltenen Baumharzen zählten zu den kostbarsten Schätzen der altorientalischen Hochkulturen. Der wunderbar duftende Rauch durfte nur als Opfergabe für die Götter oder für gottgleich verehrte Könige verwendet werden. Im Tempelkult des Volkes Israel war der zur Ehre Gottes entzündete Weihrauch ein Symbol für den Lobpreis und die Gebete des frommen Volkes, die wie die Weihrauchwolken aufsteigen sollten vor den Thron des Allerhöchsten. In diesem symbolischen Sinn ist der Weihrauch auch in die Liturgie der christlichen Kirchen eingegangen. Die Ehre des Weihrauchs gilt dabei immer Christus in den Dingen und Menschen, die seine Gegenwart zeichenhaft darstellen: Evangelienbuch, Altar, Brot und Wein, Priester, Versammlung aller Gläubigen.

(Die Schale mit Weihrauch vom Tisch nehmen und zeigen.)

Die *Weihrauchkörner* in der Schale sind alle verschieden, es gibt große und kleine und ganz unscheinbare. Jedes von ihnen wird seinen ganz eigenen Duft verströmen, wenn es angezündet wird.

Wir können diese Körnchen ansehen als ein Zeichen für unsere je eigene Berufung: Jede von uns hat ihre ganz persönlichen Gaben und Begabungen, einmalig, unaustauschbar. Aus ihnen erwächst die Sendung einer jeden Einzelnen von uns.

Ich werde Ihnen die Schalen mit den Weihrauchkörnern geben:

– nehmen Sie sich eines oder mehrere Körnchen heraus,
– ergreifen Sie so Ihre eigene Sendung, nehmen Sie Ihren Auftrag an
– und geben Sie die Schale weiter.

Legen Sie die Körnchen in Ihre Hand, betrachten und befühlen Sie diese und überlegen Sie dabei, welche Gaben und Aufgaben – und Menschen – Ihnen anvertraut sind, worin – jetzt – Ihre Sendung besteht.

(Wenn alle Weihrauch genommen haben, Schale wieder neben die Osterkerze stellen. Das leere Weihrauchgefäß vom Tisch nehmen und zeigen.)

Dieses *Weihrauchgefäß* ist ein Symbol für die Kirche: eine tote, leere Hülle, von der keiner weiß, wozu sie eigentlich gut sein soll, solange wir ihr den Weihrauch unserer Sendung vorenthalten.

(Das Weihrauchgefäß auf den Tisch zurückstellen, Kohle nehmen und zeigen.)

Die *Kohle* – solange sie kalt ist – ist eigentlich nur Staub und Dreck. Kalte Kohle: nichts los, kann man vergessen. Auch in der Kirche. Kohle muss glühen, muss brennen, wenn sie zu etwas gut sein soll.

Wir entzünden sie an der *Osterkerze:* Unseren Glauben müssen wir an der Begegnung mit dem auferstandenen Christus entzünden, damit er Feuer fängt und wärmen kann.

Das Anzünden allein genügt nicht. Das Feuer wird erst dann richtig entfacht, wenn wir kräftig *blasen.* Wir bauen auf das Wehen des pfingstlichen Geistes, damit das Feuer unseres Glaubens sich entfachen und dauerhaft brennen kann.

Diese Glut unseres Glaubensfeuers legen wir nun in das leere Gefäß der Kirche und verhelfen ihr dadurch zu der Wärme des Glaubens, der Hoffnung und der Liebe, die ihre Bestimmung sind.

Richtig schön und lebendig wird die Glut – und die Kirche – aber erst, wenn wir unsere *Weihrauchkörner* bringen,

unsere Berufung und Sendung mit-bringen, ein-bringen, dar-bringen,

uns selbst und alle, die uns anvertraut sind, mit-bringen, ein-bringen, dar-bringen,

sie hineinlegen in das Feuer, das von Ostern kommt,

sie wandeln lassen in Wohlgeruch und Duft, der aufsteigt vor Gott.

Ich lade Sie ein, jetzt nach vorne zu kommen und – als Zeichen priesterlichen Handelns und Lebens – Ihre Weihrauchkörner in die Glut zu legen
mit einem Wort des Lobpreises,
mit einem Wort des Dankes,
mit einem Wort der Fürbitte,
hörbar ausgesprochen oder nur still im Herzen formuliert.

Jede von uns hat nur ein paar wenige, winzige Körnchen, ein paar wenige, schlichte Begabungen. Wenn wir alle zusammenlegen und sie Gottes Liebe anvertrauen, wird sich daraus allmählich eine gewaltige Wolke des Wohlgeruchs entwickeln, der das ganze Haus erfüllt.

Dann wird das wahr, was Paulus in seinem zweiten Brief an die Korinther schreibt:

»Dank sei Gott, der uns stets im Siegeszug Christi mitführt und durch uns den Duft der Erkenntnis Christi an allen Orten verbreitet. Denn wir sind Christi Wohlgeruch für Gott unter denen, die gerettet werden, wie unter denen, die verloren gehen. Den einen sind wir Todesgeruch, der Tod bringt: den anderen Lebensduft, der Leben verheißt« (2 Kor 2,14–16).

Hannelore Elsässer

Unterwegs zur Quelle des Lebens

KREUZWEG

Begrüßung und Hinführung

Die Kreuzwegmeditation, zu der Sie sich in dieser Stunde eingefunden haben, ist gewiss für viele von Ihnen, liebe Schwestern im Glauben, neu, wenn nicht gar fremd. Vertraut sind uns die vierzehn Stationen, die den Leidensweg Jesu vorstellen. Betrachtend gehen wir ihn meistens in der Fastenzeit und lassen uns auch in manchen Kirchen von der künstlerischen Gestaltung der einzelnen Situationen beeindrucken.

Der Kreuzweg, den wir nun miteinander gehen wollen, greift Bilder auf, die auf dem Weg Jesu vielleicht am Rande standen, aber nicht unwichtig für seinen Erlösungsweg waren. Ich lade Sie ein, auf dem Weg zur Quelle des Lebens, unseres Lebens, an vier Stationen gleichsam vier Bilder auf dem Weg Jesu von der Verurteilung bis zur Kreuzigung zu meditieren und dabei das eigene Leben in den Blick zu nehmen.

(Die Meditation kann im Wechsel von zwei bis drei Sprecherinnen gesprochen werden.)

Liturgische Eröffnung

Wir finden uns ein bei Christus, dessen Nähe wir spüren, dessen Kreuzweg wir betrachten und dessen Leben wir empfangen wollen.

So lasst uns beten
im Namen des Vaters, des Sohnes und des Heiligen Geistes.

Lied

»O Jesu, all mein Leben bist du« (GL 472)

Meditation

Zeit unseres Lebens haben wir Durst,
sind wir angewiesen auf Wasser, suchen wir nach der Quelle.

Wer Durst hat, ist leer, bereit zu empfangen,
bereit, sich füllen zu lassen.

So stehe ich vor dir, Gott: leer, bereit, dich zu empfangen,
bereit, mich füllen zu lassen von dir.

Leer stehe ich vor dir, Gott.
Fülle meine Gedanken, fülle mein Herz, fülle mein ganzes Leben.

Jesus Christus, wir rufen zu dir:

Liedruf: »Herr, wir kommen zu dir« (s. S. 69)

1. STATION: GEWASCHENE HÄNDE

Lesung

Mt 27,22–26 Jesus vor Pilatus

Meditation

Wasser. Eine Schüssel Wasser.
Pilatus wäscht seine Hände.
Wasser wäscht ab. Wasser beseitigt Spuren. Wasser reinigt.

»Als Pilatus sah, dass er nichts erreichte, sondern dass der Tumult immer größer wurde, ließ er Wasser bringen, wusch sich vor allen Leuten die Hände und sagte: Ich bin unschuldig am Blut dieses Menschen. Das ist eure Sache!« (Mt 27,24)

Pilatus wäscht seine Hände. Er beseitigt jeden Verdacht und reinigt sich von aller Mit-Beteiligung.

Ich kenne die Schüssel mit dem Wasser.
»Damit habe ich nichts zu tun!«
»Ich war gegen diese Entscheidung!«
»Von dieser Frau distanziere ich mich!«

Eingestandene Schuld. Gott reicht mir eine Schüssel mit Wasser.
Du, Gott, wäschst ab, du beseitigst Spuren und reinigst mich.

Stille

Mit David beten wir:
»Gott, sei mir gnädig nach deiner Huld,
tilge meine Frevel nach deinem reichen Erbarmen!
Wasch meine Schuld von mir ab,
und mach mich rein von meiner Sünde!« (Ps 51,3–4)

Jesus Christus, wir rufen zu dir:

Liedruf: »Herr, wir kommen zu dir« (s. S. 69)

2. STATION: GEWEINTE TRÄNEN

Lesung

Lk 23,27–28 Die weinenden Frauen

Meditation

Wasser. Tränen. Frauen weinen Trauer-Tränen.
Tränen drängen heraus. Tränen gibt es geweint und ungeweint.

»Es folgte eine große Menschenmenge, darunter auch Frauen, die um ihn klagten und weinten« (Lk 23,27).

Frauen weinen um Jesus.
Frauen fühlen die Trauer und zeigen ihre Liebe.

Ich kenne die Vor-Urteile: »Heul-Suse!« »Klage-Weib!« »Ein Indianer kennt keinen Schmerz!«

Geweinte Tränen. Frauen im Gefolge laden mich ein,
meine Liebe zu zeigen, Trauer zu fühlen und Tränen zu zeigen.

Stille

Mit David beten wir:
»Mein Elend ist aufgezeichnet bei dir.
Sammle meine Tränen in einem Krug,
zeichne sie auf in deinem Buch« (Ps 56,9).

Jesus Christus, wir rufen zu dir:

Liedruf: »Herr, wir kommen zu dir« (s. S. 69)

Und es lebt die Hoffnung:
»Wende doch, Herr, unser Geschick,
wie du versiegte Bäche wieder füllst im Südland.
Die mit Tränen säen,
werden mit Jubel ernten« (Ps 126,4–5).

Liedruf: »Herr, wir kommen zu dir« (s. S. 69)

3. STATION: GELÖSCHTER DURST

Lesung

Joh 19,28–30 »Mich dürstet«

Meditation

Wasser. Essig.
Jesus leidet Durst. Durst nach Wasser.
Durst nach Hilfe. Durst nach Leben.

»Als Jesus wusste, dass nun alles vollbracht war, sagte er: Mich dürstet« (Joh 19,28).

Der Mensch Jesus leidet Durst.
Er ist angewiesen und bittet um Wasser.

Mein Leben ist durstiges Leben.
Sensibel bin ich für den Durst des Körpers.
Ich spüre auch: Meine Seele leidet Durst.
Wo finde ich Wasser des Lebens?

Wahrgenommener Durst: Gott, ich habe Durst nach Heil,
Durst nach Nähe, Durst nach Leben. Ich suche das Wasser des Lebens.

Stille

Mit den Worten eines Psalms beten wir:
»Du deckst mir den Tisch
vor den Augen meiner Feinde.
Du salbst mein Haupt mit Öl,
du füllst mir reichlich den Becher« (Ps 23,5).

Jesus Christus, wir rufen zu dir:

Liedruf: »Herr, wir kommen zu dir« (s. S. 69)

Der Prophet Jesaja lädt uns ein:
»Auf, ihr Durstigen, kommt alle zum Wasser!
Auch wer kein Geld hat, soll trinken« (Jes 55,1).

Liedruf: »Herr wir kommen zu dir« (s. S. 69)

4. STATION: GESCHENKTES LEBEN

Lesung

Joh 19,31–35 Der Lanzenstich

Meditation

Wasser. Blut und Wasser.
Der Tod wird festgestellt. Wasser aus der Seite: Jesus ist tot.
Wasser aus der Seite: Jesus lebt.
Wasser aus der Seite: Leben für die Welt.

»Einer der Soldaten stieß mit der Lanze in seine Seite und sogleich floss Blut und Wasser heraus« (Joh 19,34).

Blut und Wasser aus der Seite.
»Geheimnis des Glaubens: Im Tod ist das Leben!«

Blut und Wasser strömen für mich. Ich trete hin zum Kreuz.
Ich trete hin zum Gekreuzigten. Ich begegne dem Lebenden.

Geschenktes Leben. Jesus Christus, du bist Quelle und Wasser des Lebens. Du schenkst neues Leben.

Stille

Wie die Frau am Jakobsbrunnen hören wir: »Wer von dem Wasser trinkt, das ich ihm geben werde, wird niemals mehr Durst haben; vielmehr wird das Wasser, das ich ihm gebe, in ihm zur sprudelnden Quelle werden, deren Wasser ewiges Leben schenkt« (Joh 4,14).

Jesus Christus, wir rufen zu dir:

Liedruf: »Herr, wir kommen zu dir« (s. S. 69)

Mit meinem leeren Gefäß, mit meinen leeren Händen,
mit meinem leeren Herzen komme ich zur Quelle, zu dir,
Jesus Christus, meine Hoffnung und meine Stärke.

Liedruf: Herr, wir kommen zu dir« (s. S. 69)

Jesus Christus, du bist Quelle und Wasser des Lebens. Am Kreuz schenkst du uns neues Leben. Wir sagen dir Dank für deine Liebe zu uns. Festige unsere Hoffnung und Stärke unsere Liebe, damit wir für andere Quelle und Wasser des Lebens werden können. Amen.

Lied

»Wir rühmen dich, König der Herrlichkeit« (GL 483)

Segen

Am Ende unseres Kreuzweg-Gebetes bitten wir Gott um seinen Segen:

Es segne uns Gott,
der Quellen aufbrechen lässt in der Wüste.
Es segne uns Jesus Christus,
der Quelle und Wasser des Lebens für uns ist.
Es segne uns der Heilige Geist,
der das Leben in uns lebendig hält.
Es segne uns der Vater, der Sohn und der Heilige Geist. Amen.

Marie-Luise Langwald

Aufbrechen

aufbrechen
aus dem Tal des Unglücks
den Weg wagen durch die Wüste
wandern am Tage
unter der Wolke der Verheißung
wandern des Nachts
unter dem Feuer von Pfingsten

aufbrechen
eine gemeinsame Sprache sprechen
gegen Gewalt
gegen die Macht der Mächtigen
gegen die lähmende Mutlosigkeit

aufbrechen
das Tal des Unglücks
wird dir in der Wüste
zum Tal der Hoffnung werden

Annemarie Schnitt

LIEDER

Seht, der Stein ist weggerückt

T: Lothar Zenetti
M: Heinz Martin Lonquich

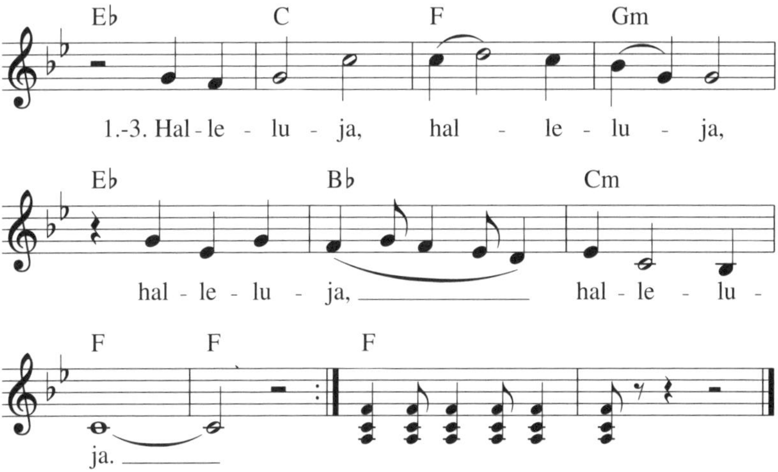

Text: Lothar Zenetti, aus: Texte der Zuversicht, Rechte beim Autor
Melodie: Heinz Martin Lonquich, Rechte beim Autor

Herr, wir kommen zu dir

Schwester, deine Liebe

T u. M: Johnny Lamprecht

2. Bruder deine Liebe hat mich berührt / und tiefe Quellen in mir angerührt, / eine Kraft, die so in mir lebt, dass diese deine Liebe weitergeht. / Getragene werden tragen. / Befreite werden befreien. / Geheilte werden heilen. / Gesegnete werden segnen. / So bricht ein neuer Morgen an. / Ängste werden zur Hoffnung. / Und fangen auf den Mauern befreit zu tanzen an.

Bei dir ist die Quelle des Lebens

T: Psalm 65,10-14
M: Heinz Martin Lonquich

dazu ad lib. basso ostinato:

STICHWORT LITURGIE

In diesem Abschnitt des Buches stehen Beiträge, die dem tieferen Verstehen liturgischer Feiern dienen. Viele Mitarbeiterinnen in einem Liturgiekreis, vor allem, wenn sie die Aufgabe neu übernommen haben, fragen nach den Zeichen, nach dem Aufbau und den Elementen eines Gottesdienstes oder sie wollen wissen, warum es beispielsweise ein Predigtverbot für Laien gibt.

Informationen, Erklärungen und Anregungen enthält dieser Teil des Buches durchgängig.

»So sie's nicht singen, glauben sie's nicht«

WARUM NOCH SINGEN?

Oft unterschätzt

»Luther hat uns mehr geschadet durch seine Lieder als durch seine Predigten.« Stoßseufzer eines Jesuiten in der Zeit der Gegenreformation.

Es gibt kein Mittel, das so tief in den Menschen eindringen kann wie die Musik. Sie vermag ihn zu stimulieren, emotional aufzureißen und selbst seine Entscheidungen zu beeinflussen.

Würde man mit einem Schlag allen Musikkonsumenten »ihre« Musik wegnehmen, käme das einer seelischen Katastrophe gleich. Man spricht schon seit langer Zeit von der Musikdroge – nicht zu Unrecht. »Ohne Musik kann ich nicht leben.« Wie oft ist dieser Ausruf zu hören – vor allem bei jungen Leuten!

Bei unzähligen Versuchen, die die Wirkweise von Tönen, Klängen und Rhythmen untersuchten, hat sich immer wieder herausgestellt, welche Faszination davon ausgehen kann – im Positiven wie im Negativen. Nur einige Stichworte: Musiktherapie, Musik zur Beruhigung, »Mit Musik geht alles leichter« u. a. m. Aber auch:

Musik als Kampfmittel (z. B. die Verbreitung rechtsradikaler Parolen über Kampflieder auf CDs), als Folterinstrument in Gefängnissen, als Instrument, um Menschen zu manipulieren, sie zu entindividualisieren und so gefügig zu machen usw.

Wer der Musik das Mäntelchen der Harmlosigkeit, der Unterhaltung und Verzierung umhängen möchte, weiß nicht, wovon er eigentlich redet. »Was Musik in uns anspricht, ist schwer zu sagen: Sie berührt jedenfalls eine so tiefe Zone, dass selbst der Wahnsinn nicht dorthin dringen könnte« (E. M. Cioran in seinem Roman »Vom Nachteil, geboren zu sein«).

Wenn Gottesdienst Feier des Glaubens sein will ...

»Dieser Gottesdienst steht unter dem Thema ›Kirchenvorstandswahlen‹.« So war es vor kurzem am Anfang eines Gottesdienstes zu vernehmen. Nichts gegen diese Institution! Aber alles dagegen, dass sie zum Hauptthema eines Sonntagsgottesdienstes gemacht wird!

Christlicher Gottesdienst hat sein »Thema«: Gott in Jesus Christus, damals – heute – und morgen. Das schließt seine Aktualisierung und Inkulturation nicht aus. Im Gegenteil! Was kürzlich der Erfurter Bischof Joachim Wanke auf einer Tagung für Denkmalschutz in Bezug auf die Kirchen gesagt hat, könnte man auch auf die Feier der Liturgie übertragen: »Kirchen sind aus dem Boden der Tatsachen herausgesprengter Freiraum. Hier werden nicht im üblichen Sinn die menschlichen Bedürfnisse befriedigt, keine Waren produziert oder gelagert, keine Dienstleistungen erbracht, hier wohnen keine Menschen. Sie sind Orte, wo die christliche Gemeinde die unsichtbare Gegenwart Gottes feiert.«

Gottesdienst der Christen will Feier sein, nicht Katechese, Informationsstunde oder gemeindlicher Presseclub. Es wird also darauf ankommen, immer wieder neu zu fragen, was es denn zu feiern gibt in einer Welt, die mehr von Klageschreien erfüllt ist als von Freudentönen.

Die französische Paar-Therapeutin J. Marroncle stellte kürzlich in einem Bericht über ihre Arbeit einen »atmosphärischen Riss« zwischen der Seelenlage ihrer Patienten und ihrer Erfahrung der äußeren Wirklichkeit fest. Bei dem Bemühen, zum Sinn des Lebens zu finden, will sie mit ihren Klienten den Ort finden, wo diese zu Hause sein können. »Wenn wir ... gut danach suchen, ohne zu verkrampfen, ohne uns zu ängstigen, dann werden wir ihn in der letzten Tiefe finden: als flüchtiges Ja.«

Wenn Gott will, dass wir leben in und aus der Fülle seines göttlichen Lebens, dann könnte aus dem »flüchtigen Ja« ein vertrauensvolles, hoffnungsfrohes Ja werden, zwar immer zerbrechlich, aber doch wirklich, Mensch und Welt verändernd.

Diese Zustimmung zur Welt und ihrem Schöpfer und seiner Geschichte mit uns Menschen gilt es zu feiern mit allen Sinnen und Kräften, mit Leib und Seele, mit allen Formen und Farben, die uns zur Verfügung stehen.

... dann lasst uns singen und spielen!

»Erklären können wir es nicht, schweigen aber dürfen wir nicht, also lasst uns singen.« So fasste der große Kirchenvater Augustinus seine Erfahrungen mit Gott und den Gottesdiensten seiner Zeit zusammen. Was es letztlich um Gott ist, um uns Menschen, um den Kosmos, um die 1000 Fragen und Rätsel, die uns gerade die Naturwissenschaften heute stellen, vermag keiner zu beantworten. Das Wort Geheimnis wird wieder neu entdeckt, weil es sich mit unserer Erfahrung deckt.

Wo Christen sich von diesem unendlichen Geheimnis angesprochen und gehalten wissen, können sie dies nicht für sich behalten. Sie müssen darüber sprechen, sich austauschen. Aber das ist noch zu wenig: Sie müssen zur intensivsten Sprache greifen, dem Singen, dem Kantillieren, dem Rufen, Zurufen, auch dem Schreien und Stöhnen, dem Klagen und Anklagen.

Nochmals Augustinus: Cantare amantis est. Wer sich geliebt weiß, den drängt es zu singen. Wovon ich zuinnerst erfüllt bin, das muss ich hinausrufen, hinausschreien.

Diese Erfahrung haben Christen und Christinnen immer wieder aufs Neue gemacht wie auch die Anhänger aller Religionen. Die Bücher des Ersten wie des Zweiten Bundes sind voll von Liedern und Gesängen: die Psalmen (Lobpreisungen), Cantica, Hymnen u. a. m. Jedes Jahrhundert erfuhr auch dies: Wo nicht mehr gesungen wird, wird der Glaube sang- und klanglos, d. h. er verflüchtigt sich. Der Gesang bleibt die Visitenkarte einer Gemeinde.

Das Zweite Vatikanum hat sich sehr eindeutig und engagiert für die Musik im Gottesdienst eingesetzt. In der Liturgiekonstitution heißt es: »Die überlieferte Musik der Gesamtkirche stellt einen Reichtum von unschätzbarem Wert dar, ... weil sie ... einen notwendigen und integrierenden Bestandteil der feierlichen Liturgie ausmacht.« (Nr. 112)

Musik, vokale wie instrumentale, ist also weit mehr als nur liturgisches Beiwerk, Verzierung, entbehrlicher Schmuck zur Steigerung der Feierlichkeit. Etwas überspitzt könnte man sagen: Ohne Musik keine Liturgie! Die Ostkirchen haben diesen Grundsatz bis heute durchgehalten.

Die Flut der Texte – mögen sie noch so wertvoll sein –, das permanente Sprechen, Predigen und die gut gemeinten Erklärungen an allen passenden und unpassenden Orten haben vielfach die Feierkultur unserer Liturgie zerstört.

Es geht nicht darum, nun ins andere Extrem zurückzufallen. Eine Ver-Liederung ist genauso schädlich wie die Ver-Textung unserer Gottesdienste.

Unsere Liturgie, gewachsen in zwei Jahrtausenden aus zum Teil noch viel älteren Wurzeln, kennt eine Vielzahl von Formen, Elementen, Gesten, verbalen wie nonverbalen, Texten und Gesängen, die uns zur Verfügung stehen. Wer mit ihnen umgehen will, kreativ, verankert in der Vergangenheit, geöffnet in die Zukunft, muss allerdings um ihre Bedeutung und Funktion wissen. Die Spannung zwischen ererbter Tradition, dem Heute und Morgen, darf nicht aufgehoben werden. »Wer seine Vergangenheit nicht kennt, den kann es die Zukunft kosten« (G. Kuhnert).

Auch die Segmentierung unserer Wirklichkeit im Gottesdienst macht diesen blutleer und unwirklich. Und die Menschen wenden sich ab, weil sie mit ihrer Erfahrung darin nicht mehr vorkommen. Wo z. B. sind in unserer Liturgie noch Orte des Klagens, der Trauer? Wo erklingen Klagegesänge, die wirklich aus der Tiefe menschlicher Erschütterung aufsteigen? Erleben die Menschen nicht vielfach ein Agieren »als ob«? Die heile Welt-Sauce, die über alles und jedes ausgegossen wird, scheint unendlich zu fließen.

Jubelt, aber nicht unbedacht!

Auch die Feier des Glaubens braucht Gesetze, die beachtet sein wollen. Gerade im Umgang mit den musikalischen Elementen wird viel »gesündigt«.

Das Gesetz der gestuften Festlichkeit:

Ein Sonntag sollte sich merklich von einem Werktag unterscheiden, ebenso ein Sonntag von einem Festtag. Gerade der Einsatz der musikalischen Mittel kann helfen, gegen eine Egalisierung und Gleichmachung anzugehen. Hier wäre auch einem gesellschaftlichen Trend entgegenzuwirken.

Das Gesetz der Funktionsgerechtigkeit:

Ein Gesang zum Einzug hat eine andere Funktion wie der Antwortpsalm. Die »Allgemeine Einführung ins Messbuch« gibt hier hilfreiche Orientierung: »Ist die Gemeinde versammelt, beginnt man beim Einzug des Priesters und jener, die einen besonderen Dienst versehen, mit dem Gesang zur Eröffnung. Er hat die Aufgabe, die Verbundenheit aller Teilnehmer zu vertiefen, sie in das Mysterium der liturgischen Zeit oder des Festes einzuführen sowie den Einzug … zu begleiten.« (Nr. 25)

Die Frage, die sich hier stellt, wäre also: Welcher Gesang ist an diesem Sonntag am ehesten geeignet, diesen Kriterien gerecht zu werden? Oder noch weiter gehend: Wäre eventuell instrumentale Musik oder gar Stille noch eine bessere »Lösung«? Eine Antwort darauf verlangt Kompetenz!

Der Hymnus des Gloria ist immer noch ein liturgisches »Stiefkind«. Er ist mehr als Loblied, das den Schöpfer preist. Der große Mittelteil richtet sich an Jesus, den Christus, das Lamm Gottes. »Das Gloria ist die beste Interpretation des Kyrie.« So deutete der bekannte Volksliturge T. Schnitzler den alten Hymnus. Das müsste dann auch Konsequenzen für die musikalische Gestaltung haben, z. B. dass, in der Regel, die Vergebungsbitte vor dem Kyrie gesprochen wird.

Als Antwort auf die gehörte Lesung Lieder zu singen wie »Liebster Jesu, wir sind hier, dich und dein Wort anzuhören« verstößt nicht nur gegen die geltenden Regeln, sondern ist schlicht unliturgisch, weil es der Funktion des Antwortgesangs nicht gerecht wird, nämlich Antwort zu geben auf das Gehörte.

Die Liste der »Übertretungen« ließe sich weit fortsetzen, z. B. die Gestaltung des Credo, des Sanctus, Agnus Dei usw.

Das Gesetz der Stimmigkeit:

Wie wäre die Reaktion, wenn bei einer offiziellen staatlichen Feier z. B. am 3. Oktober der Leiter am Ende sagen würde: Wir wollen nun gemeinsam die dritte Strophe unseres Deutschlandliedes sprechen? Kopfschütteln! Auch in der Liturgie gibt es Rufe, Gesänge, die man nur im Notfall sprechen sollte. Dazu gehören etwa die Kyrie-Rufe, das Gloria, ganz besonders die Halleluja-Rufe, die Sanctus-Akklamation. Auch die so wichtige Zustimmung im »Amen«, vor allem am Schluss des Hochgebets, verlangt die gehobene »Sprache«. Eigentlich lässt sich dieser Ruf nicht sprechen; die alltägliche Praxis zeigt, wie blass solches Tun wirkt. Wem einmal die Bedeutung dieses »Amen« aufgegangen ist: Ja, so ist es! Darunter setze ich meine Unterschrift! Dem stimme ich zu!, wird es kaum mehr gehaucht und unverständlich über seine Lippen bringen.

Das Gesetz der Dramaturgie

Jede Veranstaltung, wenn sie nicht spannungslos und konfus verlaufen soll, verlangt eine Struktur und Ordnung. Zu ihr gehören Höhepunkte ebenso wie Zeiten der Beruhigung. Dieser Wechsel von Spannung und Entspannung gilt in besonderem Maße für die Gottesdienste. Hierbei spielt die musikalische Gestaltung eine herausragende Rolle. Da, wo ein Lied das andere jagt, entsteht Eintönigkeit und schließlich Langeweile. Warum ist es so schwer, von dieser Ver-liederung wegzukommen? Ist es Einfallslosigkeit oder Bequemlichkeit? Die Liturgie selbst bietet eine Fülle von anderen Formen, die Bewegung und Farbe in das gottesdienstliche Geschehen bringen könnten: Kehrverse, Akklamationen, Litaneien, Hymnen, Psalmen, Cantica u. a. m.

Gerade hier bieten das »Gotteslob« und das Liedheft »unterwegs«* eine Fülle von z. T. noch ungehobenen Schätzen. Auch die Folge von Gesängen verstößt nicht selten gegen die Grundgesetze der Dramaturgie. So ist z. B. der Eröffnungsteil, Einzug bis Tagesgebet, vielfach überfrachtet mit etlichen Liedern, Begrüßungen und oft auch guten Texten. Auch hier gilt die alte Erfahrung: Das Gegenteil von gut ist gut gemeint.

Die ganze Eröffnung hat nur vorbereitenden Charakter; sie will hinführen zum aufmerksamen Hinhören auf Gottes Wort. Im Blick auf viele Gottesdienste kann man resümieren: Weniger ist oft mehr. Was aber getan wird, muss qualifiziert sein – in Inhalt und Ausführung.

Noch drei Aspekte zu diesem Abschnitt:

Das Kirchenjahr ist eine grandiose Erfindung. In seiner reichhaltigen Dramaturgie beleuchtet es die zahlreichen Seiten unseres Glaubens. Aber auch hier machen sich Egalisierung und Uniformität breit. Gerade die jahreszeitlichen Gesänge zum Advent, zu Weihnachten usw. geben den Festzeiten ihr je eigenes, unverwechselbares Gepräge. Wer bewusst oder unbewusst solche geprägten Lieder aus ihrem »heimatlichen Boden« herausreißt, zerstört Liturgie, weil er die Emotionen der Menschen beschädigt.

Die Texte allein machen noch kein Lied aus. Die Melodien sind eben mehr als nur neutrale Vehikel zur Transportierung von Texten. Sie haben ihren geprägten Charakter, der durch eine falsche Textunterlegung zerstört werden kann, auch wenn es vom Versmaß her geht. Der folgende Versuch sei empfohlen: Man nehme die Melodie des Liedes »Lasst uns loben, freudig loben« und unterlege ihr den Text von »Christi Mutter stand mit Schmerzen«!

Sicher ein extremes Beispiel, aber es zeigt überdeutlich die verheerende Wirkung: Das tiefempfundene Klagelied wird in die Lächerlichkeit pervertiert.

Es gibt zahlreiche Gesänge, die eine Einheit bilden, ein Ganzes. Aus ihnen einzelne Verse oder Strophen herauszubrechen, grenzt an Barbarismus. Solche Lieder sind keine Steinbrüche. Die innere und äußere Dramaturgie solcher oft kleinen »Kunstwerke« zu zerstören, wirkt sich auf Dauer verheerend aus. Hier feiert der alte und immer noch lauernde Rationalismus fröhliche Urständ. Die für die Liturgie unentbehrliche Dimension der Poesie wird vernichtet – zum Schaden der gesamten Feier. »Denn von der Poesie erwarten wir nicht Sarkasmus, nicht Ironie, nicht kritische Distanz, nicht gelehrte Dialektik, nicht geistreichen Witz ..., sondern Vision, Feuer und Flamme ...« (Adam Zagajewski, polnischer Dichter).

Sie bleibt eine Herausforderung

Musik im Gottesdienst, für den Gottesdienst, Musik des Gottesdienstes: ein unendliches Thema, eine immer neue Herausforderung, ein Feld unbegrenzter Kreativität! Vielleicht tröstet und ermutigt es manche geschätzte Leserin, am Ende dieser Überlegungen zu hören, was der polnische Schriftsteller Andrzej Szczypiorski in einem Vortrag über »Das Wahre, Schöne, Gute« gesagt hat: »Die Musik ist für mich wie eine schöne Frau – verführerisch, rätselhaft. Ich liebe sie, verstehe aber wenig, ich begehrte sie, vermag sie aber nicht zu erkennen.«

Wolfgang Bretschneider

Prof. Dr. Wolfgang Bretschneider, geb. 1941, Priester des Erzbistums Köln, Subsidiar an der Bonner Münsterbasilika, Lehrtätigkeit an den Musikhochschulen in Köln und Düsseldorf sowie am Kölner Priesterseminar, Präsident des Allgemeinen Cäcilienverbandes für Deutschland (Dachorganisation für alle katholischen Kirchenchöre).

* unterwegs. Lieder und Gebete. Bestell-Adresse: Deutsches Liturgisches Institut, Postfach 26 28, 54216 Trier.

Zwischen Angst und Hoffnung

Erzähle
singe
spiele
mit Leidenschaft
gegen den Tod

Erzähle
Geschichten gegen die Angst
am Tag der so grau ist
und im Dunkel der Nacht

Schreibe
von deiner Hoffnung
die ihren Ursprung hat
in der Auferstehung
vom Tode zum Leben

Erzähle die Geschichte von einem Lebenden

Alfons Schäfer

KURZ VORGESTELLT

Mit der Rubrik »Kurz vorgestellt« möchten wir hinweisen auf Bücher und gegebenenfalls andere Materialien, die Anregungen geben für liturgische Gestaltung, oder Themen aufarbeiten, die dem Bereich »Grundsätzliches« zuzuordnen sind.

Kostet, wie gütig der Herr ist

Werner Groß (Hrsg.), Kostet, wie gütig der Herr ist. Kommunionfeiern mit Kranken, Schwabenverlag Ostfildern 1998, 208 S., DM 28,–

Kranke Menschen in der Gemeinde, die nicht zur Eucharistiefeier kommen können, freuen sich auf die Kommunionfeier in ihrem Zuhause oder Krankenzimmer.

Die Kommunionhelferinnen oder Kommunionhelfer, die einen solchen Dienst ausüben, bilden gleichsam die Brücke von der Gemeinde zu den Kranken. In vielen Pfarreien gibt es inzwischen Kreise von Männern und Frauen, die Kranke in ihrer Wohnung oder im Krankenhaus besuchen. Viele sind dankbar für konkrete Anregungen zur Gestaltung einer kleinen Feier, wenn sie den Kranken die Kommunion bringen.

Das Buch »Kostet, wie gütig der Herr ist« enthält – orientiert am Ablauf des Kirchenjahres – Kommunionfeiern, die als Wortgottesdienste einen bestimmten, gleichbleibenden Aufbau haben. Den Bibellesungen folgt jeweils eine kurze Deutung.

Je nach der Befindlichkeit des Kranken gibt es auch Vorschläge für verkürzte Feiern.

Was mir an dem Buch besonders gut gefällt, das ist die Hinführung zu einem vertieften Verständnis dieses Dienstes.

Die gut und vollständig ausgearbeiteten Kommunionfeiern können besonders Laien ermutigen, eine solche Aufgabe in der Gemeinde zu übernehmen.

Im Rituale zur Feier der Krankensakramente heißt es: »Gerade die Kranken haben als Glieder der Gemeinde aufgrund ihres Glaubens und ihrer Taufe das Recht, die Eucharistie zu empfangen. Dadurch wird deutlich, dass Christus die Kranken in besonderer Weise liebt und ihnen seine Nähe schenken will. Zugleich ist die Krankenkommunion Ausdruck der Sorge der Gemeinde für ihre Kranken; sie hält die Gemeinschaft der Kranken mit der Gemeinde lebendig und festigt sie.«

Anneliese Knippenkötter

VERWENDETE SCHRIFTSTELLEN

TEXTNACHWEIS

(Bei einigen Texten konnten wir keine Quellen bzw. Rechtsinhaber ausfindig machen. Für Hinweise sind Herausgeberinnen und Verlag dankbar.)

S. 14/15: Jörg Zink, aus: Jörg Zink, Wie wir beten können. Kreuz Verlag Stuttgart, 1991, S. 77

S. 16: Aus: Evangelisches Gesangbuch, Stammausgabe der Evangelischen Kirche in Deutschland, Nr. 881

S. 20/21: Peter Boekholt, aus: Peter Boekholt, Im Aufbruch. © Verlag Butzon & Bercker, Kevelaer 1985

S. 32/33: Anette Feigs © by the author

S. 33/34: Erich Fried, aus: Erich Fried, Lebensschatten, Verlag Klaus Wagenbach, Berlin 1981

S. 37: Brigitte Enzner-Probst, aus: Brigitte Enzner-Probst, Wenn Himmel und Erde sich berühren. © Chr. Kaiser/Gütersloher Verlagshaus

S. 38–40: Hermann Lunkebein © by the author

S. 42: Silja Walter, aus: Silja Walter, Die Fähre legt sich hin am

Nutzen Sie die Vorteile des Abonnements.
Bestellen Sie jetzt.

- Sie sind immer aktuell und »auf der Höhe« zeitgemäßer Gottesdienstgestaltung für Frauen.
- Sie bauen sich kontinuierlich eine praxisorientierte Materialsammlung auf.

FrauenGottesDienste
Das Periodikum für Sie.

Wenn Sie **FrauenGottesDienste** noch nicht abonniert haben, sollten Sie es jetzt tun.
FrauenGottesDienste ist eine Reihe, in der jeweils zu einem bestimmten Thema Modelle, Materialien und Anregungen gesammelt sind.
FrauenGottesDienste erscheint halbjährlich, März und September.

☐ **Ja,** ich bestelle **FrauenGottesDienste** zum Abonnementspreis von DM 13,–/öS 95,–/sfr 13.– pro Band, zuzüglich Versandkosten, ab Band Nr. ....
Rechnungstellung erfolgt jeweils mit dem ersten Band eines Kalenderjahres.
Mein Abonnement verlängert sich automatisch um 1 Jahr, wenn ich nicht 6 Wochen vor Ende eines Kalenderjahres schriftlich kündige.

☐ Von den bereits erschienenen Bänden bestelle ich zusätzlich die Bände Nr. ....

Name, Vorname ....

Straße ....

PLZ, Ort ....

Datum .... ✗ Unterschrift ....

Vertrauensgarantie: Das Abonnement kann ich innerhalb einer Woche (Poststempel) schriftlich bei der Adresse widerrufen, bei der ich bestelle. Von diesem Recht habe ich Kenntnis genommen und bestätige dies mit meiner Unterschrift.

Datum .... ✗ Unterschrift ....